二千年の祈り

Two Thousand Years of Living Prayer

イエスの心を生きた八人

高橋佳子

Keiko Takahashi

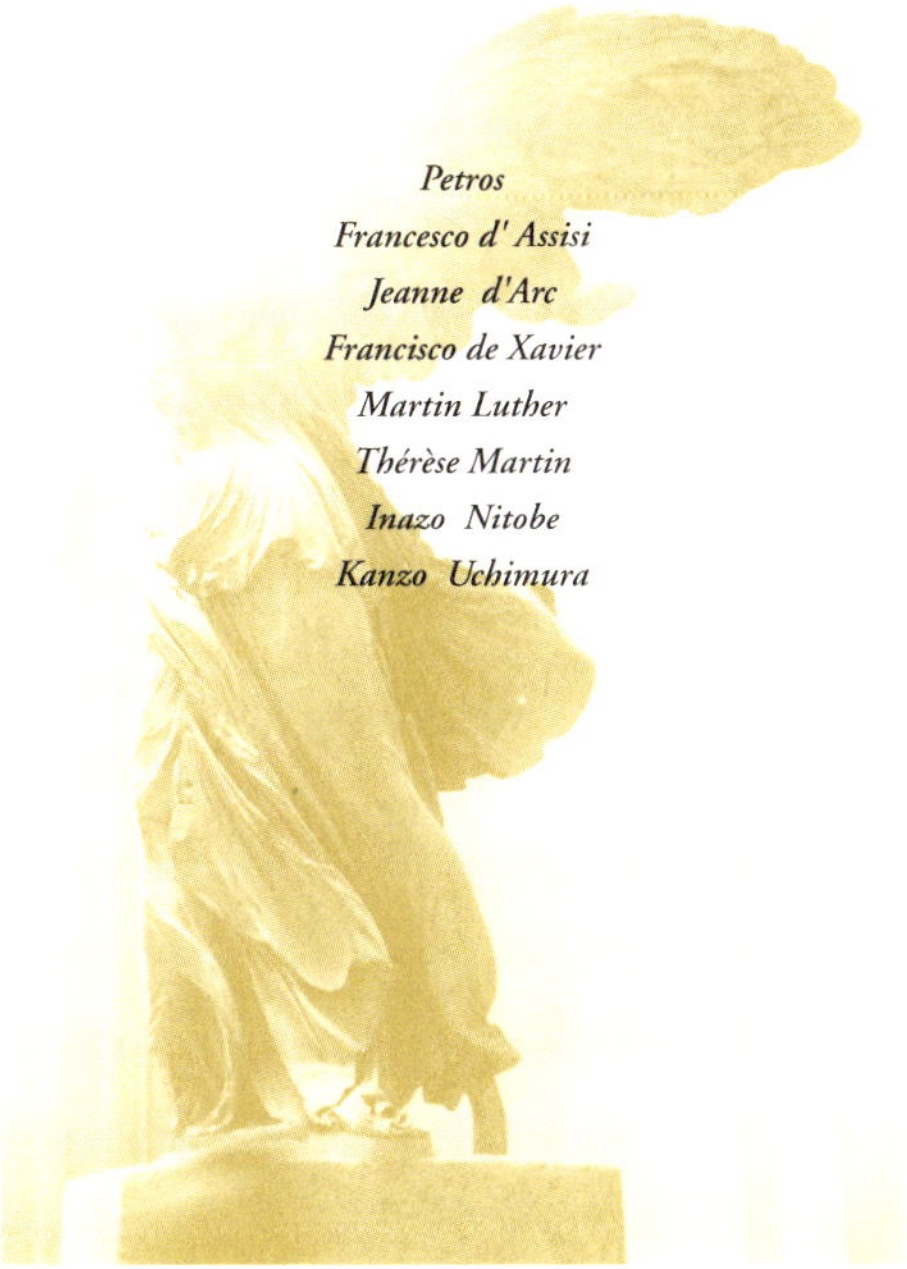

Petros
Francesco d' Assisi
Jeanne d'Arc
Francisco de Xavier
Martin Luther
Thérèse Martin
Inazo Nitobe
Kanzo Uchimura

三宝出版

二千年の祈り——イエスの心を生きた八人

はじめに

今から二千年前、ローマの支配下にあったユダヤの地に彗星《すいせい》のように現れた一つの魂がありました。その名はナザレのイエス――。神の愛を唱《とな》え、神と人間の真の絆《きずな》の恢復《かいふく》を訴《うった》え続けたイエスでしたが、歴史の舞台《ぶたい》に登場した活動期間は、あまりにも短い三年間――。そして、その最期《さいご》は、悲劇的な十字架上の死でした。

イエスが訴えたのは一人ひとりと神との再結《さいけつ》（絆の結び直し）であったにもかかわらず、宗教的な異端者《いたんしゃ》ですらなく、一人の政治犯として、すなわち国家転覆《てんぷく》を企《くわだ》てる反ローマの犯罪者として裁《さば》かれ、死刑を宣告されました。人々から見捨てられ、蔑《さげす》まれた、人生の終焉《しゅうえん》だったのです。

イエスの道行きは、こうした悲劇的な死に向かって迂回《うかい》することなく、真《ま》っすぐに突き進むものでした。必定《ひつじょう》、イエスを伝える言葉は、自《おの》ずから切迫感《せっぱくかん》を湛《たた》えることになりました。その重心は、この世のすべての罪を背負ったとされる十字架上の死に極《きわ》まります。それは、イエス自身の存在の謎《なぞ》、そして人間と神の絆を象徴する特異点《とくいてん》だからでしょう。

そのような極限状況を生きて、神の子としての本質を示したイエスの姿に、人々は勇気づけられ、慰《なぐさ》められ、光を見出《みいだ》しました。悲運《ひうん》とともにある人々、神仏の存在すら呪《のろ》わざるを得ない理《り》不尽《ふじん》な事件に巻き込まれた人々、将来に何の希望も見出せない人生の条件を与えられた人々……。

彼らの多くが、イエスの姿に支えられ、導《みちび》かれてきたのです。どのような試練や逆境に苛《さいな》まれようと、如何《いかん》ともし難《がた》い宿命の束縛《そくばく》に苦しもうと、その現実を受容《じゅよう》しながらそこを「越え出る」希望を与えたのが、イエスの存在の光だったように思います。

本書は、そのようなイエスの心に触れ、その心を懸命に生きようとした魂の足跡《そくせき》を辿《たど》ろうとするものです。

出生から復活まで、多くの奇蹟《きせき》と結びついたイエスの存在は、キリスト教伝承《でんしょう》においては、人《じん》性《せい》を超えたものとして受けとめられています。しかし、本書において、私は「人間イエス」が放った存在の響《ひび》きということをずっと心に念じていました。信仰の対象とするだけでなく、神の心を切実に生きた一人の人間としてイエスを受けとめるところから、私たちとイエスとの対話が始まると思えるからです。

例えば、聖書に記された弟子たちとの関わりの中には、イエスの人間性が溢《あふ》れています。その中でも、とりわけ次のようなペトロとの逸話《いつわ》に私はイエスの在《あ》りし日の姿を思い描くのです。

ペトロはカトリック教会において初代教皇《きょうこう》と仰《あお》がれることになった弟子の一人ですが、イエスが捕縛《ほばく》されたとき、イエスを三度知らないと否認《ひにん》した弱い弟子の代表でもあります。

「最後の晩餐《ばんさん》」と呼ばれる食事のとき、イエスは弟子たちの足を洗《あら》いました。当時は食事前に足を洗う習慣があったのですが、それは身分の卑《いや》しい者の仕事とされていました。緊迫《きんぱく》していた情勢の中で、イエスは自分の運命を自覚していました。弟子たちと一緒《いっしょ》にいられる時間もごく限られている――。そのわずかな時間に、弟子たちを愛そうとするイエスの想いから出た行為だったのでしょう。

自分たちの師がそんなことを始めたわけですから、弟子たちは一様《いちよう》に驚きました。しかし、師であればこそ、その行為を拒《こば》むこともできずにいました。ところが、ペトロの順番になったとき、ペトロは一人拒絶《きょぜつ》します。

「先生、わたしの足など、決して洗わないでください」

すると、イエスはペトロに向かってこう語ったのです。

「そういうことなら、もうお前はわたしと何の関わりもない」

ペトロはびっくりします。イエスに対する尊敬からそれを拒んだのに、そんなことを言われるとは思いもしなかったからです。そしてあわててこう言うのでした。

「それなら、先生、足だけでなく、頭も手も全部洗ってください！」

あわてふためくペトロの微笑《ほほえ》ましい姿が彷彿《ほうふつ》とするエピソードです。このようなやりとりの中に、私はイエスと弟子たちの間に営《いとな》まれていた人間的な関わりを見出します。

もちろん、イエスには、他に比類《ひるい》なき神への信頼、そしていかなる妥協《だきょう》もなく神の心を透明《とうめい》に生きる孤高《ここう》の姿勢があります。それは人間とは思えないような超越性《ちょうえつせい》を感じさせます。けれどもイエスは、決して人性から離れた存在ではなく、誰《だれ》よりも人間的な郷愁《きょうしゅう》に満ちた存在だった――。人間としての重力を背負いながら、大いなる存在への遥《はる》かな憧《あこが》れによって、魂の飛《ひ》翔《しょう》を果たした存在だった――。だからこそ、イエス亡《な》き後、イエスを見捨てた弟子たちは、在《あ》りし日のイエスの姿を幾度《いくど》も思い出しては涙を流し、そこから自らの蘇《よみがえ》りを果たしていったのではないでしょうか。

何気ない、はっきりとした記憶にも残らないようなイエスのまなざしや発言、身振《みぶ》りや行動が、日増しに忘れることのできない確かな輪郭《りんかく》をつくり、そこにイエスの心にあった想いを浮き上がらせる――。弟子たちは、そのとき初めて師イエスの心に触《ふ》れたのです。

人間イエスだからこそ与えることのできた関わりの中に、弟子たちは人間を越え出るものを見出し、信仰のいのちを取り戻していったのでしょう。人間という軌道《きどう》を持った存在だからこそ、それを越え出ることができる――。そこに、イエスに倣《なら》って生きることの本質が託《たく》されているように思います。

私たちは誰もが試練を避《さ》けることのできない世界に生きています。人として生まれ、人として生きるということは不安や苦悩と無縁《むえん》ではないということです。

しかし、人は独《ひと》りではありません。人と人は深く結びつけられ、人間の魂は人間を超える大いなる存在――神との絆を確かに抱《いだ》いているのです。

その絆を一点の曇《くも》りもなく生きて証《あか》し、絶えず深い祈りとともに生きたイエス――。そして、その心を引き継《つ》ぐ数知れない人々が現れ、彼らの心にも、いつも祈りが湛えられていました。その祈りは、共に生きる人々への、時空《じくう》を越えて未来を生きる人々への深い友情に満ちたものです。そして大いなる存在、私たちを包む世界そのものに向かって真っすぐに立ち上ってゆくものでした。それは私たちの世界そのものへの力強い引力《いんりょく》にほかなりません。

本書が、これを手にされた読者の心に、その祈りの気配を少しでも運ぶことができるならば、それは望外《ぼうがい》の幸せです。

高橋佳子

二〇〇四年一月

目次

闘う天使――ジャンヌ・ダルク　71

神への愛――フランシスコ・ザビエル　101

神の僕――マルティン・ルター　139

信仰の実験――内村鑑三　225

礎《いしずえ》となる魂——ペトロ

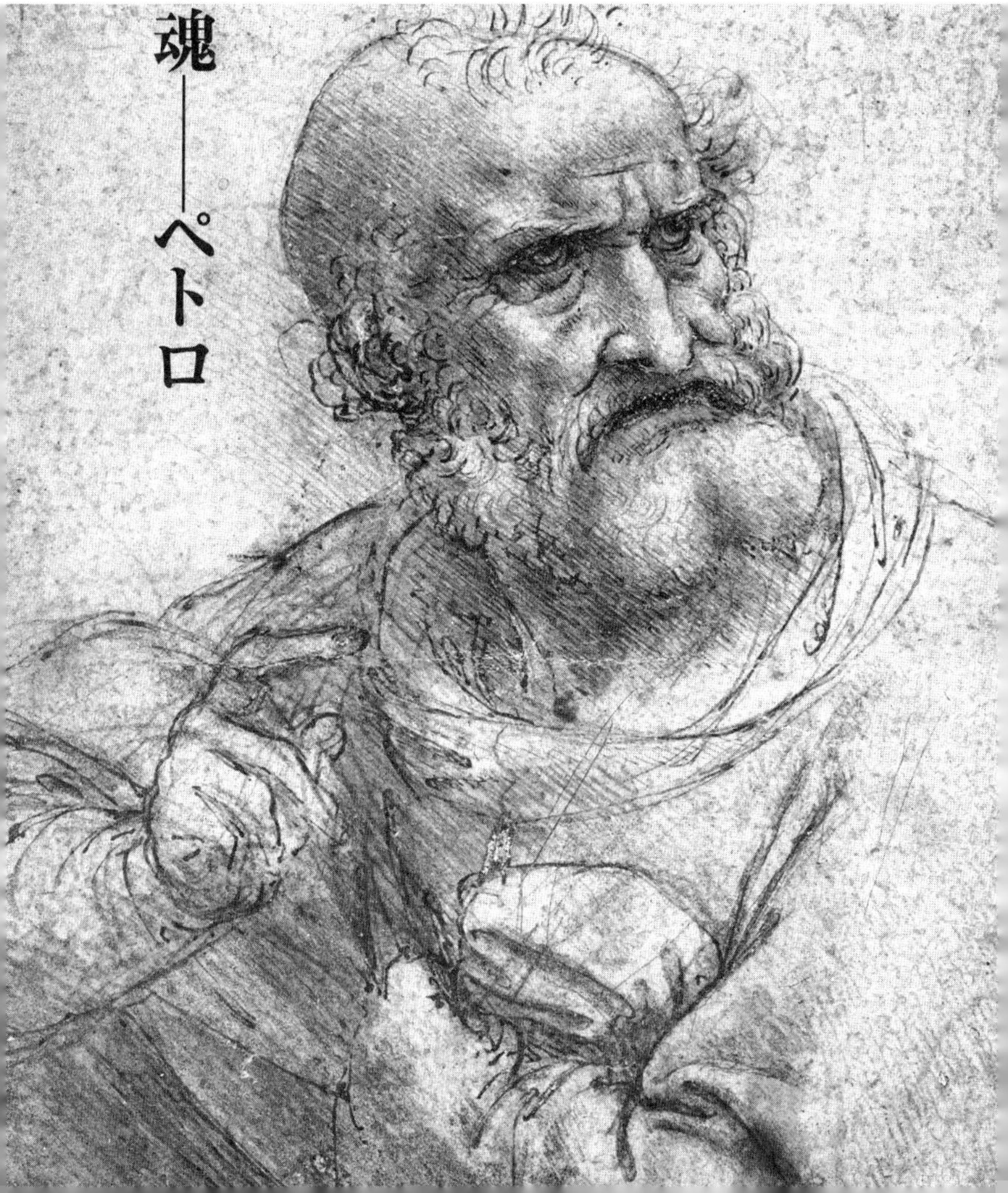

かつてイエスが、自分を初めて「メシア」と呼んだペトロに向かって、「お前の上に教会を建てよう」と言ったのは、その魂の純情、信仰の純粋さこそが礎《いしずえ》であるということではないでしょうか。

扉：ペトロの習作（レオナルド・ダ・ヴィンチ作）

それは断絶から始まった

二千年前に現在の私たちにまでつながる一つの新しい生き方を伝えたイエス。その一人から溢《あふ》れた一すじの流れは、今日に至るまで、滔々《とうとう》とその流れを絶《た》やすことなく、一つの宗教伝承《でんしょう》を形づくっています。

その消息《しょうそく》を尋《たず》ねるにあたって、私たちが何よりもよすがとするのは聖書でしょう。聖書は、いくつものエピソードによって綴《つづ》られ、物語を構成しています。その伝承の始まりは、ごく親しい間柄《あいだがら》、すなわち師と弟子の間に生じたものでした。新約聖書をひもとけば明らかなように、その記録はイエスとその直弟子《じきでし》たちの様々な姿を伝えています。

イエスの心にあったこと、イエスが伝えようとしたこと――。それらは、そこに描かれた数々の場面に託《たく》されているものです。そして、そのイエスと弟子たちの間の物語が縦糸《たていと》となり、時代や社会の大きな影響を横糸として人間にとっての信仰の物語が織りなされていったのです。

当時のエルサレムの状況は、今日と同様に非常に政治的でした。ユダヤはローマに支配されていた属国《ぞっこく》であり、人々は毎日屈辱的《くつじょくてき》な想いにさらされていました。誇《ほこ》り高き民族が異国の意のままに牛耳《ぎゅうじ》られており、時を経《へ》るほどに、独立と自由への人々の渇望《かつぼう》は高まってゆきました。

ユダヤの人々にとって、聖書に来臨《らいりん》を約束されたメシア（救世主《きゅうせいしゅ》）とは、この自分たちの屈辱的な状況を打開する政治的な指導者以外の何ものでもありませんでした。彼らが待ち望んでいたのは、自分たちをローマの支配から解放してくれる救済者《きゅうさいしゃ》にほかならなかったのです。説教の度《たび》に人々の注目を集めていたイエスに対して、そうした期待が募《つの》ってゆくのは必然でした。イエスの言葉が人々の心を打てば打つほど、イエスが起こす奇蹟《きせき》が評判となればなるほど、イエスを指導者として待望《たいぼう》する声は高まりました。

しかし、イエス自身が見つめていたものは、違っていました。イエスは、そうした政治的な次元とは異質の解決を求めていたのです。

イエスはあくまでも魂の救いを念じ、神の心に応《こた》えることを考えていました。どうしたら人々は本当の神の心を理解するのか。どうしたらその心に応えて生きることができるのか。本当の神のすがたとは、当時の人々が思っていたような裁《さば》きの神、怒りの神ではなく、すべての存在を極《きわ》みまで大切にする愛の神――。その神の愛に人々が目覚めることによって、魂の救いが現実となる。そのような現実を導《みちび》くことこそ、自分の使命であると受けとめていたのです。イエスは、ユダヤの民《たみ》をローマから解放する指導者ではなく、神に見放された存在と見なされていた貧しく虐《しいた》げられた人たちを含むすべての人々の傍《かたわ》らを伴《ともな》い歩む同伴者《どうはんしゃ》になることを願っていたということでしょう。

つまり、イエスの道行きには、初めからこのような断絶が存在していたということです。イエスが見続けていたものと民衆が求めるものとの乖離《かいり》。イエスの切実さと人々の切実さの違い――。

そしてそれは、イエスと一つの体のように活動していた弟子たちとの間にも存在していたものでした。イエスの真意はなかなか受け取られず、想いはすれ違っていました。師の言動を誤解する者もありました。

では、そのような状況にあった師と弟子の関係がどうして伝承を可能にしたのでしょうか。いつ彼らは変貌《へんぼう》を遂《と》げ、師の想いを引き継《つ》ぐ弟子たちになったのでしょうか。

「岩」ではなかったペトロ

ここでは、まず弟子たちの一人、ペトロの歩んだ道すじを辿《たど》りながら伝承《でんしょう》の秘密を尋《たず》ねたいと思います。それは、ペトロがイエスに応《こた》え切れなかった弱き弟子の代表であり、また象徴的な存在でもあると思えるからです。

ペトロは、イエスと行動を共にした直弟子《じきでし》の中でも、とりわけ多くのエピソードを持っている一人です。ペトロは心からイエスを慕《した》い、イエスもまたそういうペトロに愛情を注《そそ》ぎました。

ペトロの本名はシモン。ペトロはイエスが与えた名前であり、ギリシア語で「岩」という意味です。「岩のごとく、何があっても動じない者になれ」という師イエスの想いがそこには込められています。そして、その名に応えるように、後にペトロは、カトリック教会において初代の教皇《きょう》皇《こう》と仰《あお》がれる存在となりました。

しかし、彼は初めから「岩」のようなペトロではありませんでした。むしろ、不動心や堅固《けんご》さとは正反対の揺《ゆ》れ動く脆《もろ》さを顕《あら》わにしていました。師イエスを信じ切れず、何度も駄目《だめ》な自分を見ることになったのです。

ペトロがイエスと出会ったのは、三十代の半ばのことで、まだガリラヤ湖畔《こはん》の漁師シモンとして生計を立てている頃でした。そのとき以降、ペトロの人生はまったく異なる軌道《きどう》を辿《たど》ることになったのですが、その最初の出会いからペトロには「信」が問われ続けました。

聖書が記《しる》す最初の出会い――。ペトロがシモンとして漁師の生活を送っていたガリラヤ湖畔に、ある日イエスがやってきます。ガリラヤは都から離れた田舎《いなか》で、「殺害者の逃《のが》れの町であるガリラヤ」と聖書にも記されているように、何も誇《ほこ》るものを持たない土地でした。

ペトロはその前日の夜から、弟のアンデレと一緒に漁《りょう》をしていたのですが、徹夜で網《あみ》を投げても一向《いっこう》に魚はかからず、二人は意気消沈《いきしょうちん》していました。イエスが通りかかったのはその時です。すでに弟子入りしていた弟のアンデレは、それがいつも話をしていたイエスその人であることを告げたことでしょう。

そして、二人に気づいたイエスが舟に乗り込んできます。漁がうまくいかないことをアンデレがこぼしたに違いありません。そんな訴《うった》えを微笑《ほほえ》みながら受けとめていたイエスは、「沖に漕《こ》ぎ出して網を降ろし、漁をしなさい」と言ったのです。

奇蹟の漁《すなど》り（ラファエロ・サンティ作、ヴィクトリア＆アルバート美術館）

一体どういうことだろう――。ペトロは、いぶかしげにその言葉を聞きました。一晩漁をして魚一匹かからなかったのです。「そんなことをしても無駄《むだ》だ」と思いました。ところがどうでしょう。網を投げると信じられないような大漁です。

驚くペトロに、イエスは有名な言葉を語りかけます。

「わたしについて来なさい。人間を捕る漁師にしよう」

ペトロの召《め》し出しの瞬間でした。そしてなぜかペトロは、その唐突《とうとつ》なイエスの言葉に従ってしまうのです。

注目すべきは、ペトロとイエスの邂逅《かいこう》が、疑問から始まったということです。「そんなことをしてもどうせ無駄に決まっている」というペトロの想いが打ち砕《くだ》かれることによって、その出会いは成就《じょうじゅ》したのです。

裏切りの物語

そもそも、イエスとその弟子たちの物語は、「裏切りの物語」と言っても過言《かごん》ではないほど師を失望させる出来事に満ちています。

第一に私たちの心に思い浮かぶのは、イエスを売ったユダの行動でしょう。

実は、ユダは弟子たちの中でも特に理性的な一人であり、裏切りの時まで、ペトロと並んでリーダー的な存在であったと言われています。一行の会計を任《まか》されていたことも、ユダが十分に信頼されていたことを示しています。イエスが考えていたこと、イエスが願っていたことを、誰《だれ》よりもよく理解していた一人だったのです。つまり、イエスが人々の望むようなメシアにも指導者にもならないことをユダは分かっていました。分かっていて、その生き方に異論《いろん》を唱《とな》えたのです。

エルサレム入城の前夜、ベタニアのシモンの家に宿泊した折、人々は大変熱狂的にイエスを迎えました。そうした家の外の喧噪《けんそう》のさなか、突然、マリアという娘が真《ま》っすぐにイエスの前に進み出て跪《ひざまず》き、その足に高価な香油《こうゆ》を注《そそ》いだのです。「救い主」を意味する「メシア」という言葉は、もともと「油を注がれる者」という意味であり、それはイエスへの特別の歓迎のしるしにほかなりませんでした。それを見ていた人の多くが感動したことでしょう。

しかし、その熱の中で一人冷《さ》めていたのがユダでした。――これほどのよい香油ならば三百デナリオで売れる。その金を貧者に施《ほどこ》すべきではないか――。

そして、ユダは初めて師に対して反論するのです。

「師よ、あなたは、愛を説かれた。けれども愛は現実に対して無力だ。あなたはみじめで貧しい者たちと歩もうとしている。しかし、彼らにはまさにあの三百デナリオの方が必要なのではないか」

さらに、過越《すぎこし》の食事、最後の晩餐《ばんさん》と言われる場面でも、決定的な亀裂《きれつ》を示したユダの同様の反《はん》駁《ばく》がありました。弟子たちが多くの支持者に囲まれていい気になり、一体誰《だれ》が一番偉《えら》いかということを言い争い、イエスが哀しみとともに、再び神の愛について話したその時でした。

「あなたの説く神の愛は一体どこにあるのか。この如何《いかん》ともし難《がた》い現実を前にして神は沈黙《ちんもく》しているか、神の怒りしか見えない。あなたは愛以上に尊いものはないと言われるが、人々が求めるものは現実的な効果、現実的な力でしかない。実際に役に立つことしか求めないのが人間ではないか」

ユダは、現実の社会の中で人々が求めていることをイエスに訴《うった》えようとしました。彼は、イエスが求めていた神の愛による魂の救いを、それ以上に切実なものとは思えなかったのです。ある意味でユダは時代の代弁者《だいべんしゃ》でもありました。

イエスは言葉少なにユダに応《こた》えます。

「行きなさい。お前のしたいようにするがいい」

ユダは立ち去りました。そしてその時を境《さかい》に、ユダと共に失望した多くの人々がイエスの許《もと》を去ってゆきました。

ユダの気持ちはそれからも激しく揺《ゆ》れ動きました。イエスの言っていることを理解しないユダではありませんでした。しかし、ユダはあくまで自分の望むイエスであることを求めたのです。「民衆が求めていることに応えてほしい。なぜそうしないのか――」。そして、ついにはイエスを責《せ》め、憎《にく》しみさえ募《つの》らせ、自分で自分をどうすることもできずに、結局、イエスを銀貨三十枚で売り渡してしまったのです。

しかし実は、イエスを裏切ったのは、ユダだけではありませんでした。イエスと行動を共にすることができなかった弟子のすべてが、イエスを裏切ったと言えるのではないでしょうか。

いよいよ自分が捕らえられることが目前に迫ったことを知ったイエスがゲッセマネの園に祈りに行ったとき、弟子たちは、わずかな時間を待つこともできずに眠りこけてしまいました。

そんな弟子たちにイエスが伝えた言葉は痛切です。

「こんなわずかな時、起きて待っていることもできなかったのか。誘惑《ゆうわく》に陥《おちい》らないように、あなた方は目を覚まして祈っていなさい。魂は強いが、肉身《にくしん》は弱い」

そして、その言葉が暗示するように、捕らえられたイエスを弟子たちは誰も助けることができず、その場所から身を遠ざけたことが聖書には記《しる》されています。

ペトロの裏切り

特にペトロには「弱さ」の問題がついてまわっていたように思います。先に述べたように、信仰の動揺《どうよう》という問題は、ペトロにとって生涯《しょうがい》にわたるテーマであったと言ってもよいものでした。

最後の晩餐《ばんさん》で決定的な離反《りはん》を示して立ち去ったユダ――。そのときペトロは、「先生、あなたと一緒《いっしょ》なら牢《ろう》に入って死んでも構いません」と言いました。

しかし、そう訴《うった》えたペトロに向かって、イエスははっきりとこう告げたのです。

「いや、ペトロよ、お前は明日朝、鶏《にわとり》が鳴くまでに三度私を知らないと言うだろう」

その言葉は、ペトロにどれほど厳《きび》しく響《ひび》いたことでしょう。否《いな》、それは考えられない言葉だったはずです。自分が敬愛《けいあい》してやまない師を裏切るなんて……。なぜ、イエスがそんなことを言い出すのか、ペトロには何が何だか分からなかった――。でも、そう語ったイエスの心には、より深い痛みが刻《きざ》まれていたのです。

過越《すぎこし》の祭りを境にイエスが多くの民衆の人気と支持を失ったことは、すでに大祭司カヤパの耳にも入っていました。民衆の強い支持がなくなって、大祭司は時が来たと思いました。恐れるものがなくなったのです。

ユダの手引きによって、イエスは難なく捕らえられました。そして大祭司の許《もと》に連れてゆかれました。そこには長老や律法《りっぽう》学者たちが集まっていました。

ペトロは遠くからイエスの後を追い、その中庭で下役《したやく》たちと一緒に様子をうかがっていました。すると、一人の女が彼を見つけ、「あなたはあのナザレ人イエスと一緒にいた人だ」と言い出しました。ペトロは、「私はそんな人を知らない」と言いました。その言葉に自ら驚いたことでしょう。

しばらくして他の人がやはりペトロを見て、「あなたはあの仲間の一人だ」と言うと、「いや、それは違う」と言って否定しました。ペトロはもう自分を見失っていたかもしれません。

さらに一時間ほどの時が経《た》って、また別の人が「確かにこの人もイエスと一緒だった。この人もガリラヤ人なのだから」と言い張ると、ペトロは「あなたの言っていることはまったく私には分からない」、そう強く誓《ちか》って突き放しました。そして、そう言い終わらないうちに、鶏が鳴いたのです。

そのとき、ペトロははっと我《われ》に返りました。ああ、あの通りになってしまった！　イエスの言葉がペトロの中に蘇《よみがえ》りました。

——お前は明日朝、鶏が鳴くまでに三度私を知らないと言うだろう——。

何ということか。こんなことが本当に起こるものなのか。私は見捨てた。私は裏切った——。

ペトロは堪《た》え切れず外に出て、身悶《みもだ》えして泣きました。

これまでのイエスの姿が、ペトロの脳裏《のうり》に次々と蘇ってきました。イエスがどのような想いで神の心を求めていたのか。蔑《さげす》まれていた取税人《しゅぜいにん》たち、娼婦《しょうふ》たち、盲目《もうもく》や足萎《あしな》えなど体に不自由を抱《かか》える者たち……。彼ら一人ひとりの心の荒《すさ》みにどのように寄り添《そ》い、彼らをどのように抱擁《ほうよう》し、どのように癒《いや》されたのか。そして、弟子の一人ひとりにどのように愛を注《そそ》がれたのか。自分は確かにずっと見てきた……。

何気なく目にしてきた光景や感動とともに心に刻んだ場面の数々――。それらすべてが奔流《ほんりゅう》のように押し寄せてきたのです。

伝承《でんしょう》の礎《いしずえ》となった魂

それは、その後イエスが十字架にかかって天に召《め》されるまで、一層強まりながら、ペトロの中で繰《く》り返された後悔と懺悔《ざんげ》の時間でした。イエスは捕《つか》まってから一度として、自分を見捨て、裏切った弟子たちを責《せ》めませんでした。あのユダに対しても非難しませんでした。そしてイエスから離れていった人たちに対しても――。それればかりか、ついにはイエスを手にかけようとする者たちのためにも、変わることのない、そして終わることのない祈りを捧《ささ》げたのです。そして最初から最後まで、一貫《いっかん》した神に対する全幅《ぜんぷく》の信頼《しんらい》を表したのがイエスでした。

イエスは神を「アバ」と呼びました。「アバ」とは、幼な子が父親を呼ぶときの「お父ちゃん」というような親愛に満ちた表現です。それほどの親しさ、一体感を感じていたということでしょう。神がいかなる苦難と試練を与えようと、イエスは一度としてその信頼の姿勢を揺《ゆ》るがせたことはなかったのです。

ルカ伝に示されたイエスの最期《さいご》の言葉も「父よ、すべてを御手《みて》に委《ゆだ》ねます」でした。

ペトロは、もちろんそのような人を一度としてこれまで見たことはありませんでした。そして、そのイエスの姿に接する度《たび》に、人知れず慟哭《どうこく》していたに違いありません。イエスを否認《ひにん》したあの夜にも増して、人陰《ひとかげ》で、建物の隅《すみ》で、身をよじるように苦しみ悲しんで涙を流し続けたのです。そして、そんな言葉にならない激しい慟哭が、実は、弱きペトロを変貌《へんぼう》させたのではないかと私は思います。

あれほど素晴らしい師がなぜ磔《はりつけ》になったのか。なぜ死ななければならなかったのか。イエスを讃《たた》えた人々の心変わり。現実に渦巻《うずま》く悪意や策謀《さくぼう》。厳《きび》しい忍土《にんど》（堪《た》え忍ばなければならない場所）の現実の中で自分たちは生きている。何が起こっても不思議ではない――。それは、この世界に対する「忍土の自覚」と言うべきものだったでしょう。

そしてペトロは、自分の弱さ、愚《おろ》かさを嫌《いや》というほど噛《か》みしめ続けました。誇《ほこ》るべきものは何もない。それは、徹底《てってい》した「愚かさの自覚」でした。

なのに、そんな自分を信じてくれたイエス。そんな自分を救ってくれたイエス。否《いな》、自分だけでなく、誰《だれ》に対しても変わることがなかった師の姿勢――。湧《わ》き上がってくる申し訳なさと熱き想い――。それは、消えることのない「恩恵《おんけい》の自覚」だったに違いありません。日一日と大きく強くなってゆくイエスの存在の光に、ペトロの後悔は痛切なものになってゆきました。

もう繰り返してはならない。イエスが見続けていたもの。イエスが願っていたこと。言葉にできないイエスの切実さ。それに応《こた》えたい……。

それは、どこかで同じようにイエスの姿を見つめていた他の弟子の心の中にも生まれていた想いではないでしょうか。

十字架の死に向かって、イエスの姿はますます透《す》き通ってゆきました。自由を奪《うば》われ、力を奪われ、惨《みじ》めで痩《や》せこけていったのに、その顔は輝《かがや》き、ますます確かで力強くなってゆきました。四散《しさん》し、人陰や物陰に身を寄せて事態を見つめていた弟子たちの中で、烈《はげ》しい慚愧《ざんき》とイエスへの想いが一つの大きな渦《うず》となっていったに違いありません。

ペトロがイエスと行動を共にしてから、少しの時が過ぎたある日、やはりガリラヤ湖でのことです。説教を終えたイエスは、弟子たちに、「しばらく一人になりたいから、先に舟で向こう岸に渡っておくように」と命じました。ところが、その言葉に従った弟子たちの舟は湖上で嵐に遭《あ》い、弟子たちはたじろぎ、おろおろするばかりでした。

そこにイエスが水の上を歩いてくるのです。化け物ではないかと恐れている弟子たちに向かって、イエスが「安心しなさい。私だ」と呼びかけると、ペトロは我《われ》に返り、「本当にあなたなら私もそこに行かせて下さい」と叫びます。「来なさい」というイエスの言葉に従いますが、案《あん》の定《じょう》沈んでしまいます。そのとき、イエスは、「なぜ、疑った。私を信じていれば沈まなかったはずだ」と言うのです。

ここでもペトロにとっての「信」というテーマが繰り返されます。それにしても、水上に現れたイエスの姿を見て、「私もそこに行かせて下さい」と頼むペトロの純粋さ、単純さは印象的です。ペトロは無知で非力かもしれませんが、イエスを慕《した》う、底抜けの純情を生まれながらにして抱《いだ》いていたように思います。

かつてイエスが、自分を初めて「メシア」と呼んだペトロに向かって、「お前の上に教会を建てよう」と言ったのは、その魂の純情、信仰の純粋さこそが礎であるということではないでしょうか。そのペトロの魂が身を引き裂《さ》かれる悲しい出来事の中で、忍土の厳しさを噛《か》みしめ、自らの愚かさを嫌というほど味わい、そして計《はか》り知れないイエスの恩恵に目覚めた――。それはまさに、イエスを通して神との絆《きずな》を確かにした魂の証《あかし》だったのでしょう。

本当の意味で、永遠の礎となる魂の準備が整ったということではなかったでしょうか。

ペトロは自らの弱さと徹底的に向き合う中で、イエスの伝承を引き継ぐ魂の強さを現しました。人間の弱さを受けとめ、その内側にある本当の強さを引き出す言葉を、ペトロは自分のものにしました。人間の弱さ――意識の弱さを受け入れ、それを突き抜けたとき、その中にあった本当の強さ――魂の強さを見出《みいだ》したのでしょう。そこに伝承の秘密を私は教えられる想いがするのです。

ペトロの最期は、やはりイエスとの出会いによって彩《いろど》られています。

ある伝承はその出会いをこのように描いています。迫害《はくがい》が強まるローマで信者の集会に参加したペトロは、厳しい現実のさなかでも、信仰を求める人々に希望を感じていました。しかし、迫りくる危険を避けるために、いち早くローマを後にしたのです。

ところが、その街道沿《ぞ》いで、ペトロは何と復活したイエスと出会うことになります。ローマを背に立ち去ろうとする自分とすれ違って歩んでゆく師の姿にハッとしてペトロは問いかけます。

「先生！　一体どこに行かれるのですか」

眩《まばゆ》い光を放ちながらイエスはこう応えたのです。

「ペトロよ、お前がローマを去ろうとするので、代わりに私がそこに戻って再び十字架にかかろうと思う」

ペトロはそこでも言葉を失い、慟哭します。そして再びローマに戻り、ほどなくして捕らえられ、十字架にかかって死を迎えるのです。

師イエスと同じ十字架にかかることはできないと、ペトロは逆さ十字架で磔になったと伝承は伝えています。ひたすらにイエスの心に近づこうとした一人の魂の最期でした。

底抜けの純情、純粋さは無垢《むく》の心根《こころね》です。それは、誰もが生まれながらにして抱いている最も美しいものですが、同時に最も弱い心です。その心根に映った願いもまた透き通っていますが、まだ脆《もろ》いものです。

しかし、それぞれの道のりにおいて、どこまでもその弱さを見つめるとき、その弱さを砕《くだ》き続けるとき、無垢なる純粋さは、見事に結晶して決して壊《こわ》れることのない強さを現すのです。あらかじめ見通しもなく、答えを持たない愚直《ぐちょく》な歩みだけが、その奇蹟のような道すじを明らかにします。ひたすらにイエスの心に近づこうとしたペトロが最後、「クオ・ヴァディス」(どこに行かれるのですか)と問うたように、未だ手中にない解答——青写真を常に尋《たず》ね、探し求め続ける歩みが、私たちを思いもかけない深みに運んでくれるのです。そして、その深みでひそやかに、魂の伝承は営《いとな》まれています。

まったき托《たく》身《しん》——アジジのフランシスコ

徹底《てってい》した無私《むし》、まったき托身《たくしん》——。人間は果たしてどこまで「私」という自我意識から離れ、純粋になれるのかという挑戦——。それがフランシスコという魂が、その生涯《しょうがい》を賭《か》けて行った高貴《こうき》なる実験でした。

扉：小鳥の説教（ジョット作、聖フランシスコ聖堂）

無私《むし》への限りなき挑戦

アシジのフランシスコ（一一八一頃〜一二二六）が伝道に赴《おもむ》く弟子たちに語ったと伝えられる喩《たと》え話——。

昔、一人の隠者《いんじゃ》がいて、生涯《しょうがい》、完徳《かんとく》に達しようと努力していた。自分の富を貧しい人びとに分け与えてから、彼は沙漠《さばく》にこもり、祈りに身を献《ささ》げた。

死ぬ日が来た。彼は天に昇り、天国の扉《とびら》を叩《たた》いた。「誰《だれ》だ?」となかから声がした。「私です!」と隠者は答えた。「ここには、二人分の余地《よち》はない。帰れ!」と声がまた言った。そこで、隠者はまた地上に帰り、またたたかった。貧しさ、断食《だんじき》、祈り、泪《なみだ》……。二度目に死んだときも、また、天国の扉を叩いた。「誰だ?」と同じ声が言った。「私です!」「ここには、二人分の余地はない。帰れ!」。またしても、声は答えた。絶望して、隠者は地上に舞い戻り、かつてないほどすさまじくたたかった。ついに、魂の救いに達した。百歳で、三度《みたび》死んだ。彼は天国の扉を叩いた。「誰だ?」と声が言った。「おんみです、主よ。おんみです!」。隠者は答えた。すると、天国の扉はすぐに開き、彼はなかに入った。

（『アシジの貧者』）

フランシスコは、各地に散ってゆこうとする弟子たちを祝福し、この物語を胸に刻《きざ》んでほしいと伝えました。そして「神の畑に散り、それを耕し、清貧《せいひん》と愛と平和の種子を播《ま》きなさい。崩壊《ほうかい》しようとしている世界を、もう一度強固にし、あなた方の魂を鍛《きた》えなさい。心を高め、怒りや野心や嫉妬《しっと》を超えなさい。『私が』といつも言うのをやめなさい。『私』というこの恐るべき、飽《あ》くことなき獣《けもの》を神の愛に従わせなさい。『私』は天国には入れない」と語ったのです。

中世のイタリアに生まれ、やがてフランシスコ修道会の創設者となった、アシジのフランシスコ――。その魂にあった本意を簡単には推《お》し量《はか》ることはできませんが、この一つの物語は、彼が生涯求め続けたものの核心《かくしん》をよく伝えていると思うのです。

そしてそこには、フランシスコが七百年以上もの間、世界中の人々に慕《した》われ、愛されてきた理由が隠されており、清貧無所有《せいひんむしょゆう》の生活において「イエスに倣《なら》う」という彼の行動原理のいのちを私たちはその中に見出《みいだ》すことができます。

徹底《てってい》した無私、まったき托身――。人間は果たしてどこまで「私」という自我意識から離れ、純粋になれるのかという挑戦――。それがフランシスコという魂が、その生涯を賭《か》けて行った高貴《こうき》なる実験でした。

生まれたなら誰もが抱《いだ》く「私」という他との区別、魂が現象界《げんしょうかい》で受肉《じゅにく》すると同時に抱く自我の意識は、人間存在がどうしても背負わざるを得ない根源的な定めとも言うべきものです。当然、人生の多くの時間は自分が自分であることを証すため、自分を守るために使われてゆきます。そのためにあらゆるものを纏《まと》い、獲得《かくとく》しようと一喜一憂《いっきいちゆう》するのが人間であり、そこから自由になることは実に困難なことなのです。

その「私」という自我意識を限りなく透明なものとし、纏ったものを脱《ぬ》ぎ続け、持てるものを放棄《ほうき》し続けたのがフランシスコでした。それは、ボロ同然の一枚の衣と、帯にする一本の縄《なわ》以外を所有しないという物質面にとどまらず、知識も学問も、およそ自分につながるものの一切、誇《ほこ》りすらも捨てるという物質と精神の両面にわたる妥協《だきょう》なき「無私」への接近だったのです。

その鮮烈《せんれつ》な道のりの根拠となり、支えとなったのは、何よりもフランシスコを生涯衝《つ》き動かしてやまなかった神への限りない憧《あこが》れ、神に対する比類《ひるい》なき希求《ききゅう》の想いでした。「イエスに倣う」ことによって、神以外の一切の依拠《いきょ》するところを放棄し、ただ一すじ、神との絆《きずな》のみを求める――。どこまでも神に自らを開き、投げ出していった一人の神の使徒としての姿がそこにありました。

そして、人間をいつも常に縛《しば》ってやまない「私」という意識、その宿命の重力から自らを解き放ち、神への「まったき托身」に生きた魂が放った光は、時代や国を超えて人々に、忘れていた大切なものを思い出させていったのです。

何も持たないこの一人の貧者《ひんじゃ》の生き方が、当時の人々の心に深い感動を与え、勇気を喚起《かんき》し、たちまちのうちに国外にも伝えられ、数え切れない人々の心を動かしながらヨーロッパ全土にまで及んでいったという出来事は、まさに歴史的な事件であったと言えるでしょう。しかも、当時、教会や聖職者の奢侈《しゃし》や堕落《だらく》を糾弾《きゅうだん》するワルド派やアルビ派など様々な改革運動に対する弾圧《だんあつ》は厳《きび》しいものでした。そうした力も及ばないほど、フランシスコが巻き起こした風は、不思議な強さを持っていたということにほかなりません。

しかし、フランシスコが私たちの知るそのフランシスコになるためには、魂の所以《ゆえん》を尋《たず》ねる道のりがありました。フランシスコ自身、最初からそのように生きたわけではなく、難なく宿命の呪縛《じゅばく》から自由になったわけでもなかったのです。

流れ込んだ宿命——恵《めぐ》まれ守られる人生

フランシスコは、十二世紀の終わり頃、美しい景観《けいかん》を抱《いだ》く中部イタリアのアシジに、富裕《ふゆう》な織物商ピエトロ・ベルナルドーネの子として生を享《う》けました。父親の旅行中に生まれ、洗礼名《せんれいめい》としてジョヴァンニ（ヨハネ）と名づけられていたのを、父親が帰国後にフランシスコ（フランス人）と改名したと伝えられています。宗教的なヨハネという名よりも、フランスの優雅《ゆうが》な文化に対する憧《あこが》れを託《たく》した名前がつけられたというところに、フランシスコが人生に背負った宿命の形と、やがて生ずる父親との確執《かくしつ》の予兆《よちょう》が隠されていたように思われるのです。

一方、フランシスコの母親は、溺愛《できあい》と言ってもよいほど彼を大切にしました。両親からの愛情を十分に注《そそ》がれ、贅沢《ぜいたく》なまでに豊かで、何一つ不自由のない生活。商家に生まれ、商人となるべく育てられ、商人としての感覚や才覚《さいかく》を身につけたフランシスコ。たくさんの友人に囲《かこ》まれて、明るく陽気だったフランシスコ――。そうした屈託《くったく》のない伸びやかな性格の青年像が浮かび上がります。

フランシスコの成長期、ヨーロッパの各地では戦争が頻発《ひんぱつ》していました。皇帝と教皇《きょうこう》、都市と都市、市民と貴族はそれぞれに対立し、至るところで大小様々な戦いが繰《く》り広げられていたのです。アシジもその例外ではなく、ドイツの支配から脱《だっ》するための戦い、市民軍と貴族との戦い……と苦難の時代が続くのです。フランシスコが十代から二十代にかけての頃です。ドイツとの戦いの折、アシジの町を守るために市民たちは信じられないほど短期間に城壁《じょうへき》を完成させるのですが、十七歳のフランシスコもこの建設労働に加わっています。そこで習得した石としっくいの扱い方や技術は、後に壊《こわ》れかかった教会の修復を行うときに役立つことになります。

また、その後フランシスコ自身もペルージア共和国との戦いに加わり、捕虜《ほりょ》として囚《とら》えられるという経験をします。そして、そのとき、彼は高貴な服装をしていたために、一般市民と一緒には監禁《かんきん》されず、貴族と同室にされました。この一年余りの捕虜生活は、現実の厳《きび》しさに眼を開かせるとともに、フランシスコの中に貴族の生活と活動に対する憧れをもたらすことになりました。彼は、学問や娯楽《ごらく》に対する志向《しこう》を持つようになったのです。

捕虜生活におけるフランシスコの様子は、魂が本質的に抱いていた明るさや無邪気《むじゃき》さ、人なつっこさを彷彿《ほうふつ》とさせるものがあります。そこでの生活は決して楽しいものであるはずはないのに、彼はいつも陽気で、歌を歌ったり、喜びの声を上げるため、監禁されている他の仲間たちから呆《あき》れられていたと言います。そればかりか、仲間の中に周囲と溶《と》け込めない気難《きむずか》しい者がいると、自分から進んで話しかけ、関わり、やがてその人が仲間たちの間に迎え入れられるようにはたらきかけたりもしていたのです。

しかし、こうした捕虜生活を経《へ》た後も、フランシスコは相《あい》も変わらず、当時の多くの若者同様、騎士《きし》になることを夢見続けていました。

魂の彷徨《ほうこう》――宿命との対決

フランシスコが常に陽光のような明るさを発していたかと言えば、そうではありませんでした。彼は自分の内に言いようのない寂寥感《せきりょうかん》を抱《かか》えていることを感じていました。けれども、それが一体どこから来るものなのか、どうしたらその空洞《くうどう》を埋《う》めることができるのか分かりませんでした。そして、次第《しだい》にその空洞は大きくなり、恵《めぐ》まれた楽しい生活にもかつてのように喜びを感ずることはできなくなったのです。しかし、その空洞の正体が何なのかを知る由《よし》もありません。彼は以前にもまして、偉業《いぎょう》や冒険、騎士《きし》として武勲《ぶくん》を立てることを夢見るのでした。

そんなフランシスコに決定的な訪れがやってきます。それは、プーリアへ出征《しゅっせい》するある騎士団に身を投じ、行軍《こうぐん》する途中のことでした。

フランシスコはスポレットというところで熱病に襲《おそ》われ、その夢うつつの中で「お前はどこへ行こうとしているのか」と呼びかける声を聴きます。彼は「プーリアへ、騎士になるために」と答えます。するとさらに声は尋《たず》ねました。

「フランシスコ、お前に一番ためになる人は誰ですか？　主《あるじ》ですか、それとも僕《しもべ》ですか？」

フランシスコは驚いて「主です」と答えます。

「それなら、なぜお前は家臣に代えて主君を、僕に代えて主を見捨てるのか？」

「主よ、御身《おんみ》は何をお望みですか？」

「家に帰るがよい。そこでお前のすべきことを告げよう」

衝撃《しょうげき》が心の内に走りました。騎士になることを求めていた彼にまったく思いがけない出来事が降りかかったのです。もはや武具は虚《むな》しいものとしか映りませんでした。彼は馬にまたがり、アシジに引き返したのです。

家に帰ると、そこでは再びこれまでと同じ生活が繰《く》り返されることになりました。それでも、フランシスコは、どうしてもあの呼びかけが忘れられず、自分は一体何をなすべきなのかを知りたい、見極《みきわ》めたいという気持ちが日に日に募《つの》っていったのです。

その想いが募れば募るほど、彼の中では、過去の自分の生活が厭《いと》わしく、虚しいものとなってゆきました。褒《ほ》めそやされ、友人に囲まれた華《はな》やかな生活、美しい音楽、舌を喜ばせる美食、磨《みが》き上げられた立派《りっぱ》な甲冑《かっちゅう》……。かつて色鮮《あざや》かで輝いて感じられたもののことごとくが色褪《あ》せていったのです。

そして、ともすれば彼の口をついて、嘆《なげ》きのように溢《あふ》れる言葉は、「主よ、あなたの道を示し、その小道を教えよ」という詩篇《しへん》の言葉でした。フランシスコは祈りの人となり、神に問いかけ、神を求める魂の彷徨が続くことになりました。当時の彼はよく郊外の洞窟《どうくつ》に出かけ、そこで何時間も祈りの時を過ごしました。

「自分はあの洞窟に無上の宝を見つけた。そして、今それを地中から掘り起こす瀬戸際《せとぎわ》にある」と友人に語ったと言います。

しかし、フランシスコが本当の召命《しょうめい》――召《め》し出しを受けるに至るまでには、いくつもの試練との遭遇《そうぐう》があり、自らを超えてゆく歩みが続きました。それは、自らが背負った宿命との対決であり、そこから魂の願いを取り出してゆく歩みでもあったのです。

その頃から彼が食卓に招く友人は、今までの友人に代わって、貧しい人々になりました。街で乞食《こじき》に会えば、持っているお金をすべて与えてしまい、お金がなくなると自分が着ている着物や帽子を脱《ぬ》いで施《ほどこ》しました。

それればかりではなく、自分を知っている人の誰《だれ》もいないローマへ行って自ら貧しさを体験しようと思い立ちます。使徒の墓への巡礼という名目《めいもく》のもとにローマへ出かけ、一人の乞食に自分が今まで身につけていた服を与え、彼が纏《まと》っていたボロを着て、物乞《ものご》いを体験するのです。

何も持つことなく、人から恵まれたパンをかじり、屋根のないところで休むというその体験は、彼に計《はか》り知れないものをもたらしました。無所有《むしょゆう》ゆえに与えられる自由、いと小さき者としての自覚——。ローマから帰った彼は、以前にも増して熱心に道を求め、自らと対決してゆくのです。

フランシスコが最も恐れていたハンセン病者との触れ合いも、魂にとっての大きな事件でした。彼は当時のことを次のように告白しています。

「私が、自分の罪のうちに生活していた間は、らい病（ハンセン病）者に会うのが何よりの苦痛でした。けれども御主《みあるじ》はそうした病人のもとに私を連れてゆかれ、そこで私はその人たちに慈《じ》善《ぜん》を施《ほどこ》したのです。このようにして御主は私を回心《かいしん》させて下さったのです」

ハンセン病は、今日では治療法も確立され完治《かんち》する病ですが、当時はそうではありませんでした。ハンセン病者の世話のためだけに創設された騎士会もありましたが、実態としてはその生活は悲惨を極《きわ》めており、社会から隔離《かくり》され、虐《しいた》げられていたのです。

崩《くず》れた皮膚《ひふ》、悪臭を放つ膿《うみ》……。ハンセン病者の方から吹いてくる風すらも避《さ》けようとするほど、強い恐れを抱《いだ》いていたフランシスコでしたが、自ら彼らに近づいて、病に覆《おお》われたその身体を抱擁《ほうよう》したとき、彼はイエスの心と出会い、えも言われぬ幸福感と喜びとに包まれるのでした。

こうして自分と闘い、自分を超えてゆく深くて厳《きび》しい内的な歩みを刻《きざ》みながら、フランシスコは、やがて決定的な召命《しょうめい》の時を迎えるのです。

召命の時——往《い》ってわが家《や》を建て直せ

当時、フランシスコの祈る姿が、町から少し離れた半《なか》ば荒廃《こうはい》したサン・ダミアノ教会でもよく見られたと言います。教会とは言っても、野原の中にあったその小さな聖堂は、祭壇《さいだん》の上に十字架にかけられたイエスの像があるだけの質素《しっそ》なものでした。

「どうか主よ、御身《おんみ》をよく知ることを許させたまえ」と祈り、そして、生涯《しょうがい》変わることなく繰《く》り返された一つの祈り——「お話し下さい、主よ、御身の僕《しもべ》がここに聞いております」を唱《とな》え続けたのです。神の御旨《みむね》のままに生きたいと願った彼の心は、その御旨を知ることにのみひたすら傾《かたむ》けられてゆきました。

そして、ある日のこと、イエス像の唇《くちびる》から、再びあの声が響《ひび》いたのです。

「さあ、フランシスコよ。往ってわが家を建て直せ——」

召命の時でした。この一言を彼はどれほど待ち望んだことでしょうか。幾度《いくど》神に語りかけ、どれほど切実に懇願《こんがん》し、その応《こた》えを求め続けたことでしょうか。

何をなすべきか、今やはっきりと自らの使命を悟ったフランシスコは、このとき以来、家を出て近くの洞窟《どうくつ》を住処《すみか》とし、壊《こわ》れかかった教会の修復に身を投じてゆきます。父の目を盗み、店の織物を売ってはその資金とし、乞食《こじき》同然の姿で物乞《ものご》いをするフランシスコ――。

しかしそうした生活は、当然のことながら、父親を激怒《げきど》させることになりました。そしてとうとうあるとき、家の地下室に監禁《かんきん》されてしまうのです。けれども、満足な食事も与えられない薄暗い地下生活も、フランシスコの固い決意を翻《ひるがえ》らせることはできませんでした。息子の決意のほどを知った母親は、夫の留守に鍵《かぎ》を開けて彼を解放してしまいます。すると父親は、今度は織物を売って得たお金を返すよう訴訟《そしょう》を起こしました。訴訟は受理《じゅり》され、二人は司教の前に立つことになりました。司教はフランシスコに、父親のお金をすべて返すよう申し渡しました。フランシスコは静かにうなずき、お金とともに何と、身につけていた服をすべて脱《ぬ》いで父親に渡したのです。多くの画家が描いてきた有名な場面です。

「今日まで私はベルナルドーネを父と呼んできました。しかし、すべてをお返しした以上、今日から自分の父親は唯一《ゆいいつ》天にまします御父《おんちち》のみ……」。そう語り、遺産の相続権をはじめ一切の財産権を放棄《ほうき》したフランシスコに、集まった人々は涙を禁じ得なかったと言います。フランシスコ二十五歳のときのことです。

この出来事は、まさにフランシスコにおける自ら自身に流れ込んだ宿命としての三つの「ち」(血、地、知)※との訣別《けつべつ》を象徴するものでした。豊かで恵《めぐ》まれた環境、甘やかされ守られた育ち、騎士《きし》への憧《あこが》れ、優雅《ゆうが》で享楽的《きょうらくてき》な生活……。生まれ育ちの中で背負った宿命を脱ぎ去り、魂として新たに生まれること。自らの重心を魂としての自分に置くこと。その宣言にほかならなかったのです。

そして、清貧無所有《せいひんむしょゆう》の生活において「イエスに倣《なら》う」というフランシスコとしての本格的な歩みが始まったのです。

フランシスコが「教会を建て直せ」との召《め》し出しを受けて最初に手がけたことは、確かに建物としての教会の修復でした。しかし、彼が生涯を賭《か》けて力を注《そそ》いだことは、退廃《たいはい》の中で本来のいのちが失われかけていたキリスト教会自体の建て直しという、誰《だれ》も想像しなかった大事業だったのです。

けれども彼は、最初からそのことを意図《いと》していたわけでは決してありませんでした。このときから始まった約二十年間の神へのまったき托身《たくしん》の生き様によって、周囲に光を放ち、いつの間にかそのような影響を与えてしまったのです。

指導者になろうなどとは夢にも思わず、ただ一介《いっかい》の托鉢者《たくはつしゃ》として、戸ごとに施《ほどこ》しを受ける乞食であることのみを志したフランシスコが、ヨーロッパの辺境《へんきょう》の田舎町から一体どうして世界中に

※「三つの『ち』」とは、人間が背負う宿命のことであり、誰の人生にも不可避に流れ込む三つの流れ。「血」（血筋――両親、血統、家系、先祖）、「地」（地域――土地の風土、慣習）、「知」（知識――時代の知識、情報、価値観）のことを言う。

父に所有物を返すフランシスコ（ジョット作、聖フランシスコ聖堂）

まで広がるような光を投げかけることになったのか――。謎《なぞ》とも奇蹟《きせき》とも思われる事件はこうして始まったのです。

世界の最も低きところから

フランシスコが神の教会を建て直すに当たって、生涯《しょうがい》にわたって生きる指針として掲《かか》げた信条――清貧無所有《せいひんむしょゆう》の生活において「イエスに倣《なら》う」ということが、彼の中心に据《す》えられたのは、ある日降りてきた啓示《けいじ》によってでした。回心《かいしん》はしたものの、一体どのように生きればよいのか苦しんでいた折、祈りの中で「帯の中に金貨も銀貨も銅貨も入れて行ってはならない。旅には袋も二枚の下着も、履物《はきもの》も杖《つえ》も持って行ってはならない」という聖書のマタイ伝の言葉を聴き、自らの歩むべき道を卒然《そつぜん》として悟るのです。そして、この信条はいかなる反対に対しても妥協《だきょう》することなく、生涯にわたって貫《つらぬ》かれることになります。

それまでも、従順、清貧、貞潔《ていけつ》の三つの戒律《かいりつ》は修道院における共通の原則でした。しかし、清貧を手段としてではなく目的として、紙の一枚、ペンの一本も所有しないというほどに生活において遂行《すいこう》することを最高の戒律とし、ほとんど唯一《ゆいいつ》の信条としたのは、フランシスコの独創《どくそう》です。しかも、個人として遂行《すいこう》されたことはあっても、教団として実際に遂行された例は存在しませんでした。その至難《しなん》な試みにあえて挑戦したのが「小さな兄弟たちの会」と名乗るフランシスコを中心とする仲間たちだったのです。

その彼らの生活の拠点《きょてん》となったのは、アシジ郊外のポルチウンクラでした。そこに廃墟《はいきょ》のように打ち捨てられていた小さな会堂を借りて、その傍《かたわ》らに泥と木の枝で小屋を建てたのです。そこは「家屋」とは呼ばれず、「場所」と呼ばれるのですが、まさにそう呼ばれるに相応《ふさわ》しい場所でした。フランシスコは、これ以外に一つの会堂も受けることも持つことも禁じました。その場所も所有していたのではなく、毎年一篭《ひとかご》の魚を納《おさ》めることによって借りていたのです。

すでに持ってしまったもの、所有していたものを放棄《ほうき》することは、あらかじめ持たないことと根本的な違いがあります。自ら選び取る自発的な貧困は、強《し》いられた貧困や偶発的《ぐうはつてき》な貧困とはまったく意味が異《こと》なるのです。フランシスコに共感して集った仲間たちは、裕福な家や貴族の子息《しそく》が多かったと言われています。内的必然を土台とした放棄に伴《ともな》う意志と自由——。あえて裸になって、すべてを捨てて、世界の最も低いところに身を置いたとき、見えてくるもの、感じられるものがあります。フランシスコはそれを求め、選んだのでした。

無所有になったとき、すべて与えられるものは神の恩寵《おんちょう》となり、賜《たまわ》り物にほかならなくなります。どこにも自分の住処《すみか》を持たないことは、逆にすべての場所がわが住処となり、故郷となります。何も持たないことは、物質的なものに依存をしないことであり、唯一神のみが頼《たよ》るべき存在となるのです。

同時にそれは、無力であることを自ら選ぶことであり、無力な裸の姿で世界に対するということは、あるがままの自分と向き合うということでもあります。飾りも防御《ぼうぎょ》するものも一切身につけず、弱き自分、いと小さき自分をそのまま受容《じゅよう》するという謙遜《けんそん》の実践でもあったということです。その徹底《てってい》した生き方が多くの人の心を揺《ゆ》り動かしたのは、それが人間にとってどれほど勇気を必要とする容易ならざる生き方であるか、けれどもまた、どれほど自由なものかを人はどこかで知っているからにほかなりません。

そして、フランシスコは裸の自分として生きることによって、神の被造物《ひぞうぶつ》一切のものと横並びの「兄弟」となりました。一切のものとのまったき平等観です。自然界のすべて、花も、鳥も、風も、大地も、水も火も、魚や虫、岩や石、もちろん人も、森羅万象《しんらばんしょう》一切は「兄弟」となったのです。「兄弟なる太陽」「兄弟なる火」……、フランシスコはただそう呼んだのではなく、本当にそう実感し、そう関わりました。神によって造られたままの姿、それ以上の何も持たず、そのままに生きる――。

石の上を歩くときも恭《うやうや》しい態度で歩き、こぼれた水に対しても踏まないように気をつけたと言います。病んだ眼を手術するためにこめかみに真っ赤に熱した焼きごてを当てるという恐ろしい治療《ちりょう》のときも、「兄弟なる火よ」と呼びかけています。そして、人生の最期《さいご》に、自らの死すらも「わが姉妹」と呼んで悦《よろこ》び迎えているのです。小鳥に説教をしたという伝説や獰猛《どうもう》な狼《おおかみ》が彼の言葉に大人しくなったという話も、彼のこの徹底した平等観、すべての存在とつながっているという世界観から生まれた物語なのでしょう。

所有の断念、放棄によって、自分を世界に向かって完全に開き、世界とつながる道――。フランシスコが切り開いたその道は、簡単なようで誰《だれ》も思いつかなかった道でした。世界とつながり、受け入れられるために、人は所有を求め、獲得《かくとく》に奔走《ほんそう》するわけですが、それとは真逆《まぎゃく》の放棄によって無力となり、そのことによってかえって世界と深く結び合い、つながっていったのです。

何も持っていない人でも、求めるなら、今すぐにでも神と直接つながることのできる道――。この小さな一すじの道が、やがて奢侈《しゃし》と堕落《だらく》で退廃《たいはい》していた中世のキリスト教会に大きな影響を与えることになるのです。まさかこのような形で教会が建て直されてゆくとは、誰も想像しなかったことでした。しかし、フランシスコは、それが時代から求められている道であること、自分にはその道を生きる使命が課せられていることを知っていました。

小さな兄弟たち

フランシスコを慕《した》う人々は、次第《しだい》に増えてゆきました。本格的な宣教《せんきょう》を始めた頃の集会の様子は、次のように伝えられています。

サンタ・マリア・デリ・アンジェリの野原で開かれたこの総会には五千人以上の兄弟たち（フ

ランシスコは彼を慕《した》って集まった人々をこう呼んでいました）が集まっており、修道会の一派であるドミニコ会の創設者ドミニコ（一一七〇頃～一二二一）も列席していました。また、フランシスコを大変に尊敬していたウゴリーノ枢機卿《すうききょう》（後の教皇グレゴリウス九世）も、この集いを訪れ、大きな驚きを覚えています。

野原には、こちらに六十人、あちらに百人、向こうに二百人、三百人と、群をなして人々が座り込んでいました。ひたすらに祈りを深め、静かに神さまのことを語り合う人々、あるいは深い沈黙と謙遜《けんそん》のうちに浸《ひた》って、ざわめき一つ、咳《せき》一つ立てずにいる人々――。この光景を見た枢機卿は、涙を流し、深い敬愛を表し、「間違いない、これこそは、神の騎士《きし》たちの軍勢であり、その幕営地《ばくえいち》だ」と語ったと言います。

木の小枝で編んだ柵《さく》によって出身地別に分かれた「小枝の柵とむしろの集会」と呼ばれたこの集会では、兄弟たちは地面にじかに寝て、石や木の切り株を枕としました。そして、このつつましく聖《きよ》らかな集会を一目見たいと集まってきたたくさんの人々もいました。

そこでフランシスコは、信仰のあり方をこのように人々に語ったのです。

「あなた方の中の誰《だれ》も、身体に必要なものを飲み食いすることに、いたずらに気を使ってはならない。あなた方はただ、祈り、神をたたえることに専念すべきである。神は何より、あなた方のことを心にかけていて下さるのだから」

清貧《せいひん》を愛し守るように諭《さと》すこうした一言一言を、人々は喜んで受け入れましたが、ドミニコは最初、現実的な思慮《しりょ》を欠く判断ではないかと思ったようです。けれども、彼らの生き様に感銘《かんめい》を受けた人々が必要な食料を運び込んだり、見物に来ていた騎士や貴族たちまでもが彼らに仕《つか》え始める様子を見て、次第に、自分の考えの誤りを認め、自らも清貧を守ることを改めて誓ったと言います。

この頃、フランスの高位聖職者ジャック・ドゥ・ヴィトリは故郷に宛《あ》てた手紙に、「教皇庁に滞在しているあいだ、自分は色々なものを見たが、本当に嫌《いや》なものばかりだった。けれどもただ一つ、この地方には慰《なぐさ》められるものがあった」と、この「小さな兄弟たち」と出会った印象を書いています。

「多くの人たちが、男子も女子も、そのうちには財産家も一般市民も、みんなキリストのためにすべてを打ち捨てて、この世から逃れ去っています。彼らは『小さな兄弟たち』と呼ばれていて、教皇や枢機卿方からは大変尊敬されています。この人たちは一時的なことにはいそしまず、諸々《もろもろ》の霊魂《れいこん》が滅びないように、そして自分たちがそれに付き添って導《みちび》いてゆけるように、この世の空《むな》しさからそれらをもぎ取ることに、明けても暮れても、いそしんでいるのです。そしてもうすでに、神の恩恵により、豊かな収穫《しゅうかく》を上げています……」

こうして、一地方の名もないフランシスコによって起こされた風は、中央まで届き、やがて最上位の聖職者階級の間にまで吹き抜け、人々の心を揺《ゆ》さぶっていったのです。

降りかかる試練

ところが、熱狂的に人々に迎え入れられ、賛同者《さんどうしゃ》が増えてゆくその道行きには、思いがけない試練の数々が降りかかることになります。少人数だったときには起こらなかったことも、人数が増え、組織になることによって起こり始めるのです。

集って来る人々は、青年の男子ばかりではありませんでした。未婚の女性も来ました。「どうすればあなたの教えを生きられるのか」と尋《たず》ねる妻子を抱《かか》えた男性もいました。当初、簡潔《かんけつ》に記された会則は、次第《しだい》に修道女や既婚者《きこんしゃ》が増えてくることによって現実的ではなくなってきたのです。

また、フランシスコは、会の内部の様々な問題に忙殺《ぼうさつ》されるようになります。

例えば、外国へ出かけていった宣教師《せんきょうし》たちの困難です。彼らの伝道は、必ずしも順調にはゆきませんでした。質問された言葉の意味が分からず、うっかりうなずいて、異端者《いたんしゃ》扱いをされる者もいました。犬をけしかけられる者、棒で小突《こづ》かれる者、フランシスコに倣《なら》って自分の着ている物をすべて与えても、その善意は通じず、限りなく要求してくる人々にどう対応してよいのか分からなくなる者……。

次々に入ってくるこうした知らせに、フランシスコは不安と悲しみでいっぱいになります。そしてこの頃、フランシスコは、一つの夢を見ます。それは、一羽の小さな雌鶏《めんどり》の周りに、小さな雛《ひな》が鳴きながら歩き回っているのですが、あまりにも数が多いため、その翼《つばさ》の下にすべてをかくまうことができないという夢でした。目が覚めたとき、この雌鶏は自分だとフランシスコは思います。そして、もう自分たちは教会の保護を求めなくてはならないと考え、助力を願い出るのです。

やがて、この「小さな兄弟たち」の会に入ろうとする者は誰《だれ》も、まず、一年の修練期間を経《へ》なければならないという規定がつくられました。その結果、中世に大変多かった流浪《るろう》の渡り鳥のような修道士たちは閉め出されてゆきます。もう、最初の頃のように自由に人々を受け入れるわけにはゆかなくなったのです。そして、こうした様々な変化や問題に加え、自身の眼病の悪化も重なり、フランシスコは、一二二〇年の総会でこの会の指導者としての地位を退《しりぞ》くことになります。

もちろん、彼を慕《した》い敬《うやま》う人々の気持ちが変わったわけではありませんでした。一時、フランシスコの留守中に、彼が捕らえられたとか、溺死《できし》したとか、殉教《じゅんきょう》したという噂《うわさ》が広まったことがありました。その後、彼が生きて帰ってきたことが分かったときには、人々は群をなしてやってきて祝福したと言います。

指導者としての地位を退いても、フランシスコの前には、取り組まなければならない問題、仕上げなければならない仕事が山積していました。彼に共感して集まった大勢の人々をどのように導《みちび》いていったらよいのか、彼は痛々しいほど考えあぐねていたのです。ひたすら神に祈り、解答を求め続けたフランシスコでした。

と言うのも、中には、ハンセン病者たちの世話をしているうちに、彼らを自分に引きつけ、一つの集団をつくり始めてしまう者もいたのです。

また、フランシスコとは違った理想を抱《いだ》く者も現れてきました。フランシスコが単純で貧しく、無学であることこそ、神を知ることにつながると考えていたのに対して、組織をしっかりさせるために、会の中から高位聖職者や博学《はくがく》の学者が輩出《はいしゅつ》することが必要であると考え始める者がいたのです。

フランシスコの生きた時代は、ヨーロッパ各地で経済力が高まり、都市が興隆《こうりゅう》していました。そして、イスラム世界から最先端の科学や古代ギリシアの哲学などがもたらされ、今日、歴史家によって十二世紀ルネサンスと呼ばれる知的高揚《こうよう》があった時代でした。多くの人が学問に強い関心を示し、国や都市、教会の要職に就《つ》く上でも学問が重視されていました。例えば、一二〇〇年からの五十年間に、ヨーロッパでは七十もの大学が設立されたと言われています。そのような時代の傾向の中で、学問への憧《あこが》れやその必要を感じる人々が現れるのは避けようのないことでした。しかし、そのため、会の内部に大きな対立が生まれてしまうのです。そして、時代の趨勢《すうせい》に押し流されるようにして、会全体はフランシスコの意志に反して、学問を志向する方向へと急速に進んでゆきました。

また、フランシスコが呻吟《しんぎん》する中で一つ一つ定めた会則も、次第に取り消されたり、あるいは著《いちじる》しく改変《かいへん》されてしまいます。最もつらかったのは、フランシスコ自身に大きな方向性を与えてくれた聖書の中のあの言葉――「帯の中に金貨も銀貨も銅貨も入れて行ってはならない。旅には袋も二枚の下着も、履物《はきもの》も杖《つえ》も持って行ってはならない」を会則の中に入れることができなかったことです。この大切な言葉が削除《さくじょ》されたことを、彼はどのような想いで受けとめたのでしょうか。それは、彼が生涯《しょうがい》を賭《か》けた信条に対する否定でもあったでしょう。そして、当初の会則よりも緩和《かんわ》された会則が教皇によって承認されるのです。それに対して、フランシスコはもはや何もなし得ませんでした。

改変を要請《ようせい》した兄弟たちの多くは、フランシスコが定めた会則はあまりにも厳《きび》しいものであり、結局誰にも守れないものになることを恐れたのです。そして、フランシスコの定めた会則を文字通り厳守しようとする人々と、改変された会則、すなわち教皇によって承認された緩和案を受け入れようとする人々との対立が、彼の死後直ちに勃発《ぼっぱつ》し、幾《いく》世紀も続くことになるのです。

このように、フランシスコの人生は、死後にまで及ぶような数々の重い問題を伴《ともな》っていたのです。さらに、眼の痛みをはじめとする数々の肉体的苦痛にも苛《さいな》まれ、身心ともに人一倍の苦悩を抱えて生きた人生だったのです。

しかし、不思議です。彼の人生からは、明るく眩《まばゆ》い光がいつも力強く放たれています。決して重苦しくないのです。この不思議な光は一体どこから射《さ》していたのでしょうか。

まったき従順《じゅうじゅん》

フランシスコの存在が放つ不思議な明るさ、眩《まばゆ》い光の秘密は、彼の生きる姿勢、とりわけ、降りかかる試練に対する感じ方、受けとめ方に一貫する研《と》ぎ澄《す》まされた「単純さ」にあったと私には思えます。

フランシスコは、すべての試練や誘惑に対して、兄弟たちを三つの道へと誘っています。それは「従順」と「喜び」、そして「祈り」です。この三つこそが魂の平安へ至る道であると説き、自らそう生きることによって人々を導《みちび》きました。そして、そのいずれの道もが「単純」に生きることの極《きわ》みに辿《たど》り着くものだったのです。

まず、「従順」――。「従順」とは、フランシスコにおいては、我意《がい》を限りなく透明にすることでした。冒頭でご紹介した物語を思い出して下さい。「私」は天国には入れない――。そう語ったように、我意を一切断念するところにこそ本当の心の平安が訪れ、道が示されると説いたのです。

兄弟たちから「従順」について教えてほしいと頼まれたとき、彼は次のように語っています。

「死骸《しがい》を取って好きなようにしてみなさい。それは少しも逆《さか》らいませんし、姿勢を変えたり、立ち去って行ってしまうなどとはしません。王座の上に置くならば、上の方を見ないで下の方を向いていますし、緋《ひ》の衣を着せれば、さらに一層青白くなるばかりです。本当の従順とは、実際こうしたことで、どこへやられるのだと聞きもしなければ、どうしてここへ来たか気にもかけませんし、移しやられることも求めもしません。ほまれを得れば、ただ一層謙遜《けんそん》深くなるばかりで、ほめられればほめられるほどますます自分は役立たないものと思うだけなのです」

死骸のごとく我意を消し去り、神の命ずるままに生きること。フランシスコの言う「従順」とは、決して受け身でも消極的なものでもなく、むしろ自我の濁《にご》りを徹底的《てっていてき》に見つめ浄化《じょうか》し、「単純」になり切って、神への「まったき托身《たくしん》」を選び取って生きるというものだったのです。

そして、この「托身」の実践のために、彼自身、自分がどんな地位にあるときも、自らが従うべき一人を弟子の中から選んでいたと言います。その人に必ず意見を求めては、絶対的に従うという規則を自らに課していたのです。

また、彼の言う「まったき従順」とは、ある意味では、自らが相手の「縁《えん》」に徹《てっ》することでした。それは、相手の本質が花開き、その願いが成就《じょうじゅ》することだけを思い、自分は徹底してその環境になること——。例えば、あるとき、何かの拍子《ひょうし》に、ロウソクの火がフランシスコの衣の裾《すそ》に燃え移ったことがありました。そのとき、周囲の者たちがあわててそれを消そうとするのを、フランシスコはあえて制して、その炎を眺《なが》めていたと言います。火の本質を敬《うやま》うあまり、その火を消そうとしなかったのです。本質を花開かせる「縁」になろうとするフランシスコの姿勢は、この逸話《いつわ》に象徴されるほど徹底したものだったのです。

完全な喜び

そして、二つ目は「喜び」です。人一倍苦難に満ちた人生であったにもかかわらず、フランシスコは「喜び」を忘れませんでした。彼はこう言います。「悪魔に耳を傾けるものは頭《こうべ》を垂《た》れて歩き回るがよい。私たちにふさわしいのは主のうちに喜びに喜ぶことなのです！」と。

どうしたらそんなふうにできるのかと問われて、フランシスコは、「心を清く保ち、絶え間なくお祈りしていれば、湧《わ》き出てきますよ。霊的な喜びは」と答えています。たとえどんなに苦難が多くとも、存在を許されているというだけで、すでにあり余るほどの恩寵《おんちょう》に与《あずか》っている——。自然にそう感じていたのでしょう。

そして、人生の後年、フランシスコにいつも付き随《したが》っていた兄弟レオーネに語った「完全な喜び」——。その物語の中に、彼が目指していた「喜び」とはいかなるものかが、最も象徴的に現れていると思うのです。

＊

フランシスコはある冬の一日、兄弟レオーネといっしょに、ペルージアからポルチウンクラへ旅をしたが、ひどい寒さになやんだ。

フランシスコは先を歩いていた兄弟レオーネを呼び、こういった。

「兄弟レオーネよ、わたしたち兄弟が全世界に聖性《せいせい》と信心《しんじん》の手本を示しても、完全な喜びはそこにないことを、心して書きとめておきなさい」

フランシスコはしばらく歩くと、またレオーネを呼んでいった。

「ああ、兄弟レオーネよ、わたしたち兄弟が盲人《もうじん》を見えるようにし、手足のきかない人を治し、悪魔をはらい、耳の聞こえない人を聞こえるようにし、中風《ちゅうふう》の人を歩かせ、口のきけない人を話させ、それどころか、死人を四日たって生き返らせても、完全な喜びはそこにないことを、心に銘《めい》じなさい」

フランシスコはまたしばらく歩くと、大声でいった。

「おお、兄弟レオーネよ、わたしたち兄弟があらゆることばを話し、あらゆる学問や聖書全体に通じ、将来のことや心の秘密を示すことができても、完全な喜びはそこにはないことを、肝《きも》に銘じなさい」

フランシスコはまた少し行くと、高声でいった。

「おお、兄弟レオーネよ、神の子羊《こひつじ》よ、わたしたち兄弟が天使の舌で話し、天体の運行と薬草の力を知り、わたしたちに地上のあらゆる宝、あらゆる鳥魚獣《ちょうぎょじゅう》の価値と力、人間や木や石や木の根や河の特徴が、明示されても、完全な喜びはここにないことを、心に深く銘じなさい」

フランシスコはまたもう少し行くと、大きい声でいった。

「おお、兄弟レオーネよ、わたしたち兄弟が話し方をわきまえて、不信の者が全部キリスト教徒に改宗しても、完全な喜びはそこにないことを、よく銘記しなさい」

そんなふうに彼は、半マイルも話し続けた。ついに兄弟レオーネは驚いて「父よ、お願いですから、完全な喜びはどこにあるのかを、教えてください」といった。

フランシスコは答えていった――。

「わたしたちはこうしてポルチウンクラへ向かっているが、雨にびしょぬれになり、寒さにかじかみ、道の泥《どろ》にまみれ、飢《う》えに苦しんで、修道院の門をたたくと、門番が出てきて、腹を立て『だれだ』という。こちらは『二人の修道士です』と答える。するとこうだ。『うそをつけ、追いはぎだろう。うろつき回っては人のものをかすめ、貧者からほどこしをひったくる奴らだ。さっさと行っちまえ！』

門番はそういって門も開けず、空腹のわたしたちを外の雪と水と寒さの中に、ほったらかしておく。日が暮れる。そんな時に、わたしたちはそんな悪口や悪意や取扱いに耐《た》え、がまんして怒ったり、不平をならしたりせずに、この門番はわたしたちのことを見通していて、彼にそういわせたのは神である、とへりくだって愛情をもって思う時――おお、兄弟レオーネよ、いいかね、これこそ完全な喜びです。

また、わたしたちが戸をたたき続け、門番が出てきて、腹を立てて、わたしたちをあつかましい浮浪人《ふろうにん》よろしく、ののしったり、なぐったりして、『恥しらずのごろつきめ、らい病（ハンセン病）人の所へでも行け、ここでは食物も宿もやらんぞ』と怒り、わたしたちはそれをも忍耐と朗《ほが》らかさと愛をもってがまんする時――おお、兄弟レオーネよ、いいかね、ここにこそ完全な喜びがあるのです。

また、わたしたちが飢えと寒さと夜にせかれて、また戸をたたいて、お願いだから、せめて屋根の下に入れてほしいと、涙ながらに頼んでも、門番はいっそう腹を立てて、『この恥しらずのごろつきめ、分相応《ぶんそうおう》の仕打ちを受けろ』とわめいて、棒を持ってとび出し、わたしたちを頭巾《ずきん》をつかんで地面に引き倒し、雪の中を転がし、棒で所かまわずなぐりつける時、わたしたちはそれでも忍耐強く朗らかにすべてに耐え、誉《ほま》れ高いキリストの苦難を思い、キリストへの愛のために苦しむことが、どんなにわたしたちにふさわしいかを、よく考える時――おお、兄弟レオーネよ、いいかね、そこにこそ完全な喜びはあるのです」

（『アシジの聖フランシスコ』）

*

決して奪《うば》われることのない「喜び」――。それは、奇蹟《きせき》を行うほどの特別な能力を獲得したとしても得られるものではない。また、すべてを自分の支配下に置くことでもない。降りかかるすべての出来事を、それがどのような苦難であろうとも、神からの呼びかけと受けとめて、喜びをもって受け入れることができること。それほどの「まったき謙遜《けんそん》」と「まったき托身《たくしん》」――。これは先に述べた「従順」を生きたときに自《おの》ずから導《みちび》かれる境涯《きょうがい》でもあるということです。

フランシスコが死の少し前、肉体的、精神的苦悩の絶頂の中にあって神への賛美《さんび》を謳《うた》いあげた「太陽の賛歌」は、まさにその証でしょう。賛歌全体に流れる主旋律《しゅせんりつ》は、神がいかに慈《いつく》しみ深く、恵《めぐ》み豊かな方であるか、無限包容《ほうよう》的な存在としての神を讃《たた》えてやまないものなのです。

フランシスコの魂は、耐え難《がた》い痛みの中にあるときも、打ち震《ふる》えるような「喜び」を抱《いだ》くことができたのです。

極《きわ》みを超えた祈り――聖痕《せいこん》というみしるし

魂を平安に導《みちび》くための三つ目の道としての「祈り」――。フランシスコの人生を眺《なが》めるとき、全存在がいつも「祈り」そのものであったことを私たちは認めることができます。先の二つの道、「従順《じゅうじゅん》」と「喜び」を深め、より確かなものとしたのが、この絶えざる「祈り」であったと私は思うのです。

彼は常にもう一つの次元との深い対話のうちに生きていました。いかなる試練に対しても、そこに大いなる存在の御旨《みむね》を探し続け、尋《たず》ね続けていたのです。彼にとって「祈り」の時は、肉体にとっての食べ物のように、魂にとってなくてはならない必須《ひっす》の時間でした。義務としての「祈り」ではなかったということです。溢《あふ》れるような神への希求《ききゅう》の念、焦《こ》がれるほどの憧《あこが》れによって、求めずにはいられなかった神との対話の時でした。ときには、二十四時間も寝食を忘れ、忘我《ぼうが》の中で祈り続けたと言われます。

「単純」になり切り、一切の壁を取り払って、イエスと一つになる「祈り」——。

その「祈り」の極みに訪れたのが、あの聖痕（スティグマータ）という稀有《けう》なるみしるしでした。十字架にかかったイエスが受けた傷と同じ傷が、フランシスコの手足と脇腹《わきばら》に現れたのです。

聖痕を受けたのは、一二二四年九月十四日、ラ・ヴェルナという山においてでした。フランシスコはその折、キリストの受難《じゅなん》の祈りを祈っていました。そして、イエスが受難のときに耐え忍んだ苦痛を自分にも与えていただきたい、その苦痛を魂と身体で味わい尽《つ》くすことができるようにと祈りました。また、そのように喜んで受難を受け忍《しの》んだ原動力となった計《はか》り知れない「愛」を、自分も感じ取ることができますようにとも祈ったのです。

その「祈り」は、「祈り」という言葉で表現し切れないものだったと思います。それは、どこまでもどこまでも限りなく深く、その出来事が起こった過去の次元に潜入《せんにゅう》してゆく霊的な観想《かんそう》でした。イエスを想うあまりの強い共感、強い情動に、フランシスコはその全身全霊を貫《つらぬ》かれていたのです。

そのとき、深い観想の中に、イエスの十字架上の死がフランシスコの魂に映ってきたのです。フランシスコの傍《かたわ》らには天使が降り来たって、魂を励《はげ》ましていました。

フランシスコは大いなる喜びと驚き、そして苦痛に満たされました。

このイエスの出現が続いている間、ラ・ヴェルナの山全体は、燃え上がる焔《ほのお》に包まれているように見えたと言います。焔は、大地を燃え尽くす太陽の火のように、周りの山々、谷という谷に光を投げかけ、明るく照らし出しました。

この聖痕は、フランシスコの心にたとえようもないほどの喜びを与えましたが、肉体的には耐え難《がた》い苦痛を伴《ともな》うものでした。しかも、痛みを軽減《けいげん》したくないと思っていたため、処置がされないまま、せいぜい包帯が巻かれる程度で放置されていたのです。

そうした傷だらけの体を抱《かか》えたフランシスコがその後、赴《おもむ》いた各地で起こしたと伝えられる奇《き》蹟《せき》は数知れません。そのすべてが事実であるとは限らないとしても、人々の信仰の力と、フランシスコの愛の深さゆえに、実際、そこに不思議な力がはたらいて、神秘的な現象が起こったに違いないと思うのです。

「従順」と「喜び」と「祈り」――。この三つの道を生きることによって、フランシスコは人々に希望を与えました。その道のりの一歩一歩が「人間の限界」に挑戦し続けることでもあったからです。魂は果たしてどこまで肉体に打ち勝つことができるのかという挑戦です。そして、フランシスコの人生に、私たちは、肉体に対する魂の勝利を見出《みいだ》すことができます。しかもその闘いは、何の武器も持たず、素手《すで》によるものでした。「従順」という形で、あまりにも無私《むし》の裸の魂を、世界に対して無防備なまでにそのまま開くことによって、勝ち得た勝利でした。

死が近づいたとき、フランシスコは誰《だれ》もが恐れるその死に向かって言います。「ようこそ、来られた。わが姉妹なる死よ」と。医者に向かっては「兄弟なる医者よ。勇気を出して死が間近になったことをお知らせ下さい。死は、私にとって、生命への扉《とびら》なのだから」と言っています。そして、兄弟たちに、裸にして地面に横たえてほしいと頼むのです。フランシスコは、その生まれたままの姿で至福《しふく》のうちに人生を終えたのです。

社会の底辺で生きる人々に対する類稀《たぐいまれ》な共感によって生きたフランスの思想家シモーヌ・ヴェイユ（一九〇九～四三）は、フランシスコが「世界の美しさとじかに触れ合うために自分を裸にした」と述べています。

無私の魂が放つ光――。それこそ、いかなる武器よりも強く、人々の心を射抜《いぬ》くものであることをフランシスコの人生は呼びかけているのではないでしょうか。

闘う天使——ジャンヌ・ダルク

天からのミッション——使命は、ときに現実との間に多くの軋轢《あつれき》を生じさせるものです。しかし、それら一切を包んで、恩寵《おんちょう》の光——大いなる存在の次元からの光が降り注《そそ》いでいることを私たちは受けとめなければなりません。

そして、その激しい軋轢の中を歩んだ魂だからこそ、ジャンヌ・ダルクの存在は、忘れることのできない輝《かがや》きを、私たちにもたらしているのです。

扉：シャルル7世戴冠式のジャンヌ・ダルク（アングル作、ルーヴル美術館）

地上との訣別《けつべつ》の時

その魂は、地上との訣別の時を必死に耐《た》えて待っていました。一四三一年五月三十日。北フランスのルーアンの城壁《じょうへき》近くの広場に、新しくつくられた火刑台《かけいだい》は、魔女として認定された一人の少女を今にも呑《の》み込もうとしていました。

少女を乗せた荷車が百名ものイギリス兵に護衛《ごえい》され広場に着いたのは、朝九時のことでした。そして、一時間に及ぶ説教の後、彼女には、異端《いたん》裁判の判決文が読み上げられました。「様々な過《あやま》ち、様々な異端、偶像崇拝《ぐうぞうすうはい》、悪魔の喚起《かんき》、その他の罪に身を落とした咎《とが》により、教会は汝《なんじ》を追放し、世俗《せぞく》の司法権に引き渡す」というのがその趣旨《しゅし》でした。宗教裁判所は、世俗の刑の執行権《しっこうけん》を持たず、それを通常の裁判所に委《ゆだ》ねることになっていたのですが、異端かつ悪魔の喚起ということは、即《そく》火刑を意味していました。

その判決文を聞いて、少女は声を上げて泣き伏《ふ》しました。そして群衆に向かって、「私があなた方に対して犯した罪を許して下さい。私もまたあなた方の罪を許します」と叫び、その場にいた司教たちに、「私の魂の救済《きゅうさい》のためにミサを上げて下さい」と懇願《こんがん》しました。

この日、彼女の火刑を見ようと集まった人々は、一万人にも及んだと言われています。そして、この少女の涙、祈りと懇願、叫びを目の当たりにした群衆の何人もが一緒に涙を流し、あるいは居たたまれず、その場を立ち去ったと言います。

少女は壇上《だんじょう》で三十分間祈り続け、「誰《だれ》か私に十字架を下さい」と言いました。近くにいた一人の兵士が、木片でつくった十字架を渡すと、彼女はそれを自分の胸のところに差し入れ、司教の一人に「死が訪れるまで、私の目の前に教会の十字架を差し出していて下さい」と頼んだのです。火刑が一向《いっこう》に執行《しっこう》されないことに苛立《いらだ》ったイギリス兵の隊長が「ここで晩飯《ばんめし》を食べようと言うのか」と罵《ののし》ったため、ルーアンの代官は、判決を言い渡すのも忘れて刑の執行に移りました。

少女は頭巾《ずきん》を脱《ぬ》がされ、その代わりに「異教徒、異端、背教者、偶像崇拝者」と書かれた帽子を被《かぶ》せられ、杭《くい》に縛《しば》られました。そして、あらかじめ油をかけられていた薪《たきぎ》に火がつけられると、あっと言う間に炎が燃え広がりました。少女は炎の中で神を呼び、大天使ミカエルや聖者《せいじゃ》たちの名を呼び続けました。そして、さらに火勢《かせい》が強まったとき、「イエスさま、イエスさま、イエスさま」と三回叫び、もう一度「イエスさま」と叫ぶと、炎は、彼女の身体全体を包んで一つの火《ひ》柱《ばしら》と化したのです。

これが、少女の最期《さいご》でした。

少女の名は、ジャンヌ・ダルク（一四一二～三一）。彼女は、十五世紀初頭に、フランス北東部の国王領であったドンレミという村に普通の家庭の子女として生まれました。心優しい家族と村人たちの愛情の中で育まれながら、やがて天啓《てんけい》のように降りてくる神の声を聴く者となり、生地と祖国の危機を救うために、その声を現実に生きる人となったのです。彼女は、敗れ続け、屈《くっ》辱《じょく》の限りを身に受けていた祖国フランスを導《みちび》き、幾多《いくた》の戦《いくさ》で勝利を導くことになりました。

切迫《せっぱく》する時代の圧力を全身に受けながら、その危機に自らを投げ出して応《こた》えようとした少女の魂――。一人ひとりの人間など木の葉のようにもてあそぶ、大波のごとき国と国との軋轢《あつれき》、そして時代の趨勢《すうせい》に抗《あらが》うかのように闘《たたか》った一つの魂――。

大きな渦《うず》のごとき力の前に翻弄《ほんろう》されざるを得ないのは、今日に生きる私たち一人ひとりも何ら変わりがありません。そのような宿命を抱《いだ》きながら、魂がいかに闘い生きることができるのか、闘うとはいかなることなのか――。彼女の足跡はそのことを物語っています。

揺《ゆ》れ動く時代・社会

ジャンヌ・ダルクの人生は、当時の世界の動向と切り離すことができません。

ヨーロッパの中世は、かつて古代と近世の間のどちらとも言えない「中間の時代」(モワイエナージュ)、あるいは「暗黒時代」とも呼ばれていました。しかし、実は、他の時代と同様に、常に揺れ動く大きな変動を内に抱《かか》えていたのです。

中世という時代区分は、東方キリスト教世界の中心であった東ローマ帝国(ビザンツ帝国)が、イスラム世界の覇者《はしゃ》オスマン・トルコ帝国によって滅ぼされた一四五三年をもって終わりとする見解があります。

東ローマ帝国の滅亡によって、東西キリスト教世界の統一の夢は打ち砕《くだ》かれることになりましたが、西欧世界内部に限れば、中世を通じてキリスト教は民間に深く浸透《しんとう》し、教会権力はますます揺るがぬものになりました。教皇《きょうこう》の権限《けんげん》は教えの上のみならず、俗権《ぞくけん》の面でも次第《しだい》に強大となり、最大の権力者となっていったのです。

頂点の教皇の下には各国君主《くんしゅ》が、君主たちの下には諸侯《しょこう》たちがいて、さらにその諸侯が多くの家臣を抱え、社会の末端《まったん》に農民たちがいました。封建時代であった中世は、このピラミッド構造の安定を大前提にした社会だったわけですが、十五世紀頃にはそのような社会のあり方が大きく揺らぎ始めました。

まず、ドイツ、イタリアを統治《とうち》し、中世西欧世界の覇権《はけん》を巡って教皇と競った神聖ローマ帝国では、諸侯の選挙によって皇帝が選ばれていましたが、お互いの力が拮抗《きっこう》していたために、選出《せんしゅつ》が難航《なんこう》するようになりました。そしてついに、皇帝の選出不能という事態が生じたのです。一二五四～七三年までの期間は「大空位時代《だいくうい》」と呼ばれ、皇帝の権威《けんい》を著《いちじる》しく傷つけるものとなりました。

一方で、ローマ教会も、分裂《ぶんれつ》を起こしてその権威を低下させることになります。大空位時代以前、フランス王フィリップ四世（一二六八～一三一四）は教皇と争って破門《はもん》されますが、三部会《さんぶかい》を開いて国民の支持を得、逆に教皇を捕《と》らえるのです。一三〇九年になって、教皇庁はフランス王国に隣接《りんせつ》するアヴィニョンに移され、以後七十年間、フランス王は教皇を意のままに操《あやつ》ることになります。その後一三七七年、教皇はいったんローマに帰ることができたのですが、翌一三七八年、ローマとアヴィニョンの両方にそれぞれ異なる教皇が擁立《ようりつ》されるという事態に至るのです。教会は両派に別れて激しく争い、神聖ローマ帝国（ドイツ）、イギリスがローマの教皇を支持し、フランス、スペインがアヴィニョンの教皇を支持するという分裂《ぶんれつ》の事態は、そのまま西欧世界の亀裂《きれつ》の深さを物語ることになりました。ピサ、さらにコンスタンツで宗教会議が開かれ、ただ一人の教皇を選出する一四一七年までの四十年間、分裂は続いたのです。その不安定さが社会に与えた影響は計《はか》り知れないものがありました。

そして、さらに追い打ちをかけたのが、教会刷新《さっしん》の声の高まりでした。イギリス人のジョン・ウィクリフ（一三二八または三〇～八四）は教皇の権威に関わる異説を唱《とな》え、当時の最下層の貧民《ひんみん》たちにそれを広めました。ボヘミアのヤン・フス（一三七〇頃～一四一五）はその影響を受け、十五世紀初頭にローマ教会を非難攻撃し、多くの人々から支持されたのです。フスはプラハ大学の学長で、教皇庁による贖宥状《しょくゆうじょう》、いわゆる免罪符《めんざいふ》の販売に異論を唱え、破門《はもん》された人物でした。そして、コンスタンツの宗教会議に召喚《しょうかん》され、断罪《だんざい》。一四一五年に火刑《かけい》に処《しょ》されたのです。免罪符とは、人生で犯した罪の償《つぐな》いを免除《めんじょ》されるという、悪名高きものです。その主張に矛盾《むじゅん》を感じていた人たちは決して少なくはなかったでしょう。フスの死後も、その教えに共鳴《きょうめい》する人々はフス派を結成して、各地で反乱を起こし、神聖ローマ帝国を揺り動かしました。中世世界を形づくっていた、教会を中心とする秩序《ちつじょ》そのものが大きく揺らぎ始めていたということなのです。

さらにヨーロッパ中世社会の末期的症状を強めたものが、ヨーロッパ全土を席巻《せっけん》したペスト（黒死病《こくしびょう》）の流行です。十二世紀から十三世紀にかけて、ヨーロッパの人口は急速に増加したと言われています。そのために、森林や湖沼《こしょう》が次々に開発され、耕地化が進みました。ところが、一三一五年から三年にわたって続いた天候異変は深刻な飢饉《ききん》を引き起こし、数万人の餓死者《がししゃ》を出すことになりました。

さらに食糧不足を抱えていた当時の国々で、ペストが流行し始めたのです。特に一三四八年から五〇年にかけての猛威《もうい》はすさまじいものとなりました。イタリア、次いでスペインやフランス、そしてドイツにまで広がったとされます。ヨーロッパの全人口の三分の一が失われたとも言われ、地域によっては一つの村が全滅してしまったほどです。人々は死者を埋葬《まいそう》する間もなく、街の至る所に累々《るいるい》と死体が積み重なっていました。

苦悩し立ち上がるジャンヌ

ジャンヌ・ダルクがドンレミ村に生を享《う》けたのは、一四一二年。ペストの流行から半世紀、まさに教会が分裂《ぶんれつ》し、フス派が活動しているさなかのことでした。そして、ジャンヌの人生は、中世ヨーロッパの終末を決定的にした、イギリスとフランスの間に生じた百年戦争とともにあったと言えるのです。

英仏海峡を隔《へだ》てて隣接《りんせつ》するイギリスとフランスは、先に見た教会分裂《ぶんれつ》に際しても対立していたように、長きにわたって争っていました。

フランスでは、十世紀以降、カペー家が代々王位を世襲《せしゅう》していましたが、そうした中で起こった王位継承《けいしょう》問題が、百年戦争と言われる新たな戦争の発端《ほったん》となりました。一三二八年、フランス国王シャルル四世が亡くなると、王子がいなかったため、カペー家の分家にあたるヴァロワ家のフィリップ六世（一二九三〜一三五〇）がフランス国王に即位《そくい》しました。これに対して、時のイギリス国王エドワード三世（一三一二〜七七）が自らのフランス王位継承権を主張してフランスに侵攻《しんこう》し、百年戦争が始まりました。エドワード三世の母親イザベル（一二九二〜一三五八）は、亡くなったシャルル四世の妹、すなわちカペー家の血統だったのです。確かに血縁としては、より王位に近かったエドワード三世ですが、それをフランスの議会や諸侯は認めませんでした。外国人であるエドワード三世を王としては迎えたくなかったというのが通説です。

百年戦争前夜、フランス王国は人口一五〇〇万に及び、ノルマンディーをはじめとする肥沃《ひよく》な国土を保っていたのに対し、イギリスは人口四五〇万で貧しい土地しか持たず、多くの人々にとってその勝敗は予想がつくものでした。しかし、いざ、戦争が始まると、大方の予想を覆《くつがえ》して、フランス軍は負け続け、窮地《きゅうち》に立たされてゆくのです。

軍紀《ぐんき》によって大人数が一糸《いっし》乱れぬように整然と行動するイギリス軍に対して、フランス軍は、一人ひとりがいまだに騎士道《きしどう》に則《のっと》り、我先《われさき》にと先頭に立とうとしたと言います。そうでなければ彼らの誇《ほこ》りが許さなかったのです。イギリス軍は組織的に弓矢を放つのに、フランス軍は叶《かな》わず、戦争のありようが変貌《へんぼう》しつつあった時代に、ある意味で騎士道の陋習《ろうしゅう》に束縛《そくばく》されて遅れを取っていたのでした。そしてそれは、実際の戦闘において、決定的な不利を生じさせていたのです。

しかも問題はそれだけではなく、フランス諸侯の中には、イギリス側につく者もありました。ブルゴーニュ公をはじめとして、イギリス寄りのフランス摂政《せっしょう》であったベッドフォード公爵《こうしゃく》は、自ら直轄領《ちょっかつりょう》ヴォークールールの取り消しを進言するなど、明らかにイギリス側に偏《かたよ》った姿勢を示し続けたのです。つまり、百年戦争は、フランス対イギリスの戦いであるとともに、フランスの内乱の様相も呈《てい》していたのです。

ジャンヌ・ダルクは、生まれたときからこの大きな混乱と災難の渦《うず》に巻き込まれていました。

ドンレミ周辺の直轄領だけを残して、フランスの北部のほとんど全域は、イギリス王ヘンリー五世の軍隊によってほしいままに蹂躙《じゅうりん》されていました。逆に言えば、ドンレミはヴォークールールとともに、孤立無援《こりつむえん》の状況に置かれていたのです。

百年戦争時代（1429年）のフランス

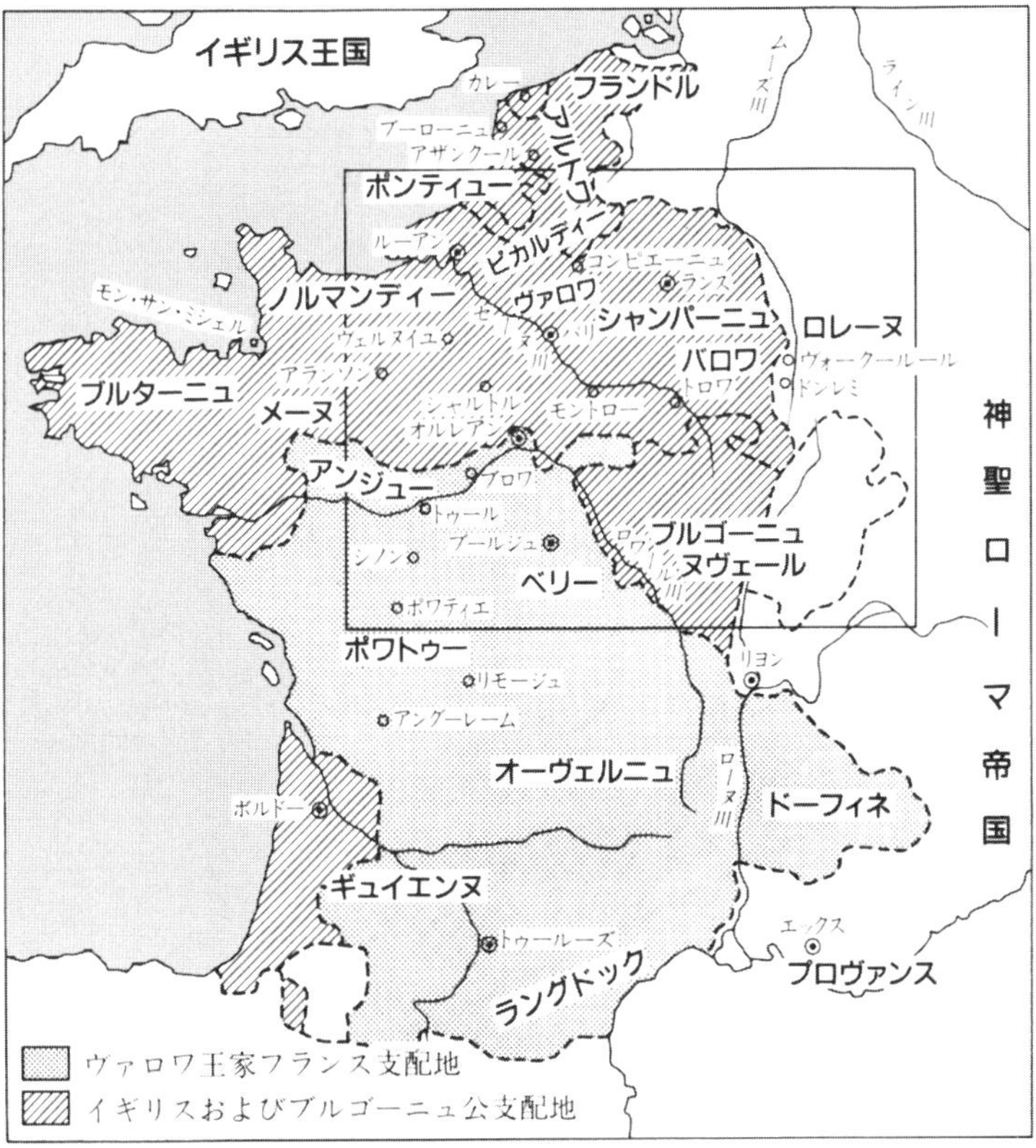

（『ジャンヌ・ダルクの実像』レジーヌ・ペルヌー著／高山一彦訳、白水社）

ドンレミ村には、日々、フランス軍の敗退の現実が知らされていたでしょうし、いつ残虐《ざんぎゃく》なイギリス軍に蹂躙されるともしれない不安が大きくのしかかっていたことでしょう。

幼いジャンヌは、村の人々のことを案じていたはずです。何よりも自分がよく見知っている一人ひとりが被《こうむ》ることになるかもしれない苦難を想像しないわけにはゆきませんでした。日増しに尋常《じんじょう》ではない危機感がジャンヌの心を満たしていったのです。

ジャンヌは気立てのよい、優しい娘であったと村人たちは語っています。幼い頃から教会に足しげく通い、しかしその信心深さを人に指摘されるのを恥ずかしがるような子でした。家事の手伝いをしたり、糸を紡《つむ》いだり、ときには父親の羊《ひつじ》の番をすることもあったようです。つまり、村の他の子どもたちと同じように暮らしているように見えたということです。

ただ、ジャンヌの魂は、計《はか》り知れない時代の圧力を誰《だれ》よりも深く感受《かんじゅ》していたのです。ジャンヌは、毎日のように教会で祈り続けていました。村から三キロほど離れた、眼下に美しい緑の渓《けい》谷《こく》を擁《よう》する「柏《かしわ》の森」には、泉があり、古くから妖精《ようせい》が現れるという言い伝えがありました。教会はこうした土地に根ざした神々への信仰を常に警戒《けいかい》し、そのために、この泉でしばしばミサを上げていました。ジャンヌは、こうした自然と自然を超える環境を日々の友にしていたということです。

そして十三歳頃、ジャンヌは「声」を聴くのです。村の人々のことを心配し、毎日のように祈り続けていたある夏の昼に、ジャンヌは家の庭先で、教会の方向に眩《まばゆ》い光を見、そしてこのような声を聴いたと伝えられています。

「ジャンヌよ、聞き分けのいい、よい子におなりなさい。よく教会へお行きなさい」

ジャンヌは大変な衝撃《しょうげき》を受け、恐れました。

次に再び声がすると、光が輝《かがや》きました。そこには何人かの高貴な存在の姿があり、その中の翼《つばさ》を持った一人は智慧《ちえ》深い賢者《けんじゃ》のようでした。

「ジャンヌよ、フランスの王を助けに行きなさい。そうすればお前は王にその王国を返してあげられるのだ」

ジャンヌは震《ふる》えながら応《こた》えました。

「私はただの娘にすぎません。馬に乗ることも、兵士たちを指揮《しき》することも到底《とうてい》できるとは思えません」

すると「声」はこう告げたと言われています。

「お前はヴォークールールの守備隊長、ボードリクール殿に会いに行くがいい。そうすれば、殿はお前を王の許《もと》に連れてゆくだろう。聖女カトリーヌさまと聖女マルグリットさまとがお前を助けに来て下さるだろう」

村で一番信心深いこの少女に、そんなことが起こってしまったのです。ジャンヌは、あたかもこれからの自分の人生のすべてを見せられたかのような衝撃に打ち震えていました。翼を持つ賢者のような存在とは、大天使ミカエルです。そして、大天使は再び戻ってきて、フランスが被《こうむ》っている悲惨について語り、ジャンヌを励《はげ》ましたのです。

まだ幼い少女の魂に託《たく》された使命の重さは、言葉にしようがありません。そして、その「声」が意味していたことは、彼女を育んでいた一切の人々や環境との訣別《けつべつ》でした。当然、何を考えているのかと家族は反対し、あらゆる手段を講《こう》じて——婚約者の若者に裁判所に訴《うった》えまでさせて、彼女を取り戻そうとしました。しかし、ジャンヌは、それに屈《くつ》することはできませんでした。愛すべき家族との断絶——。それを幼い魂はどれほどの痛みをもって耐《た》えたのでしょうか。

十七歳になったジャンヌは、ただ一人彼女の側についてくれた伯父《おじ》と一緒に「声」が示したヴォークールールに向かって旅立ちました。そしてその地に着くと、すぐに守備隊長のところに連れて行ってもらい、自らの使命について、決然と語り始めました。

——私は主《しゅ》から遣《つか》わされて王太子《おうたいし》の許《もと》にやって来ました。それは、主が王太子にしっかりと持ちこたえるように、断じて戦を敵に有利にさせないように命じていらっしゃるからです。主は王太子にミ・カレーム（四旬節《しじゅんせつ》の第三週目の木曜日）に救いをもたらすと仰《おっしゃ》っているのです。もちろん王国は王太子のものではなく、主のものです。しかし、主は王太子が王となり、王国を預かることを望まれているのです。王太子はその敵がどんなに反対しても王になるでしょう。私は王太子を戴冠式《たいかんしき》に導《みちび》きます——。王太子とは、イギリスと結ぶブルゴーニュ公らから一方的にフランス王位継承権を否定されたシャルル（一四〇三〜六一）のことです。

守備隊長は、その言葉に驚きました。語られたことをにわかには信じられませんでした。そればかりか神から遣わされたと語る彼女が魔女ではないかとの疑いを隠せなかったのです。相談を受けた司教も同じでした。むしろジャンヌをすぐに認めたのは民衆でした。彼女のことを聞いてたくさんの人が会いに来ました。そして、真《ま》っすぐな彼女の姿に感嘆《かんたん》したのです。あまりにも清《せい》純《じゅん》なジャンヌの魂と、その眼から発される光は、少しの濁《にご》りもなく人々の心を捕らえました。

ジャンヌを信じ切れないフランス軍や教会でしたが、戦況《せんきょう》の悪さがその疑いを脇に置かせました。そして、その真偽を曖昧《あいまい》にしながら、王太子はジャンヌに対し、勅許《ちょっきょ》を与えたのです。そんなことを知りようもないジャンヌの使命は、明らかな形を取り始めていました。その後のジャンヌの活躍は見事としか言いようがありません。神と共に生きるジャンヌを証すかのように現実となった奇蹟《きせき》でした。いいえ、誰《だれ》よりも切実に、そして純粋に人々と祖国の苦難を思い、神の声に応えることに一途《いちず》だったジャンヌの心と姿に打たれ、共感し、立ち上がった多くの兵士たちの、一丸となった力がそれを起こしていたのです。白い甲冑《かっちゅう》に身を包んだ彼女の姿に、人々は自らの希望を蘇《よみがえ》らせ、信仰を一層確かにしました。

ジャンヌの輝《かがや》き

「私がこの国王側の陣地《じんち》（ヴォークールール）に来たのは、（守備隊長の）ロベール・ド・ボードリクールと交渉《こうしょう》して、私を国王の許《もと》に連れて行くか、誰《だれ》かに案内させるためですが、彼は私にも、私の言葉にも関心を払《はら》いません。けれど四旬節《しじゅんせつ》の三回目の木曜日までには、たとえどんなに足を磨《す》り減らしても国王の傍《そば》に行かねばなりません。世界中でフランス王国を回復できる者は、国王でも、フランスの大貴族でも、スコットランド王の娘でも、誰でもありません。私を除けば王国を救う者はいないのです。私は母さんの傍で糸を紡《つむ》いでいたいのは言うまでもないことです。でもそれは今の私のすべき仕事ではありません。わが主がこうせよとお命じになったのです」

ボードリクールに仕《つか》えていた準騎士《じゅんきし》に「あなたはここで何をしているのか」と問われたとき、ジャンヌはこのように答えています。

いかに切迫《せっぱく》した事態が彼女の想いを切実にしていたとは言え、誰もがうぬぼれていると思っても仕方がないような言葉です。しかし、それはうぬぼれでも大げさな言葉でもありませんでした。なぜなら、それは彼女にとって、命に代えても、どうしても果たさなければならないことだったからです。その使命感は、ジャンヌにとっての生命《いのち》でした。使命感が彼女を生かし、立たせ、歩ませていたのです。それは、彼女の全身を貫《つらぬ》き、彼女の存在の根拠《こんきょ》そのものと言っても過言ではありませんでした。

この問いを彼女に投げかけた準騎士のジャン・ド・メッスは、彼女の答えに心から感動し、信頼の証拠として自分の手を彼女の手の中に置いて、何としても神の助けを得て、彼女を国王の所へ案内しようと乙女《おとめ》に約束したと、後の異端《いたん》裁判の中で述べています。

最初は疑いが大半だったボードリクールも、三度目の出会いの折には、ジャンヌを護衛《ごえい》する者たちに安全、確実に案内するように誓《ちか》わせた上に、彼女に「行け、どんなことが起ころうとも」と励《はげ》ましたと言われています。

一四二九年二月、彼女はまず王太子《おうたいし》シャルルに謁見《えっけん》するために、敵地の中、六人の従者を伴《とも》ってヴォークールールから六百キロ離れたシノンに向かいました。それだけでも尋常《じんじょう》のことではないと誰もが思うでしょう。その行程は、男性に囲まれての道行きです。女性である彼女にとって、危険なものであることは容易に想像できました。しかも男たちは最初、彼女に対して、何と生意《なまい》気《き》な娘なのだろう、旅の中でひどい目に遭《あ》わせてやろうと考えていたのです。

しかし、実際に案内を始めると、そうはなりませんでした。それは、あまりにも一心で、ひたむきなジャンヌの姿に、男たちが打たれたからです。

ジャンヌが、二人の男性の間に眠っても誰も異性を意識する者はなく、彼らは次第《しだい》に本当にジャンヌを守る騎士になってゆきました。皆、ジャンヌの思う通りにしてあげたい、何とかしてジャンヌを王太子に会わせてやりたいと願うようになったのです。そして、十日余りの旅の後、それを果たします。

王太子に謁見したジャンヌはこう言って、自らの使命を再び確認しました。

「気高い王太子様。私は神の命令で、殿下《でんか》ならびに殿下の王国をお援《たす》けするために送られてきた者です」

ジャンヌとの出会いによって、重過ぎる運命を背負ってきた王太子の顔に、久しく見られなかった喜びの光が差すのを、多くの人が見ていました。

次にジャンヌ一行は、歴代フランス国王が戴冠式《たいかんしき》を行ってきたランスの地で王太子の聖別《せいべつ》・戴冠を実現することに向かいます。そしてそのためには、その途上にあるオルレアンの解放が必要でした。ランスへの道を確保するために、イギリス軍を駆逐《くちく》する必要があったのです。

オルレアンの解放、そしてジャンヌの戦い

一四二八年六月、イギリス南岸のドーヴァーから船出したソールズベリー伯トーマス・モンタギューは、作戦の当初から大がかりな組織戦を計画し、それに則《のっと》って周辺のいくつかの街を占領《せんりょう》しました。ノジャン・ル・ロワ、ランブイエ、ロシュフォール、シャトーヌフ・アン・ティムレー、そしてジャンヴィルを攻略《こうりゃく》して、そこを作戦本部としました。さらにそこから周辺の小さな町々に進撃《しんげき》し、聖母教会を破壊し財宝を奪《うば》うなどして、包囲網《ほういもう》を完成させたのです。イギリス側

はロワール川対岸のトゥーレル城塞《じょうさい》を拠点《きょてん》として、オルレアンに対して執拗《しつよう》な攻撃を繰《く》り返しました。

オルレアン側も、ただなされるがままだったわけではありません。城内に設置した大砲によって反撃し、当のソールズベリー指揮官《しきかん》に命中させたこともあり、一気に攻め落とされるという危機は脱していました。とは言え、たび重なる攻撃と衝突《しょうとつ》によって多くの損害を受けたフランス側の未来は、次第《しだい》に厳しいものとなっていました。

ことに一四二九年二月の戦いでの敗北は、オルレアンの人々に深刻な痛手《いたで》を与えました。オルレアン側は、イギリス軍の食料輸送隊に攻撃をしかけ、数において十分勝《まさ》っていたにもかかわらず、大敗を喫《きっ》してしまったのです。戦場に散らばった鰊《にしん》のために「鰊の戦い」と呼ばれたこの戦いの結果、オルレアンは有力な指揮官を失い、さらにはその戦いの後に二人の将軍が町を去ってゆきました。町にはまだオルレアンの私生児こと、デュノア（一四〇三～六八）をはじめとして指揮官がいましたが、人々は自分たちが見捨てられたと感じてしまうのです。そして、イギリス側に和解を申し出ますが、それも拒否《きょひ》され、万策尽《ばんさくつ》きてしまうという状況でした。

そうした中で、いつの頃からか、一つの噂《うわさ》が町に広まりつつありました。それは、やがてフランスを救う乙女《おとめ》が現れて、オルレアンを解放してくれるというものでした。

その噂が広がり始めた頃、ジャンヌはロワール川下流の町トゥールで戦いの準備をしていました。ジャンヌは、自分の身体に合わせた白い甲冑《かっちゅう》をつくり、自分が持つ旗印《はたじるし》に関する細かな注文を出していました。その三角形の旗印には、大空の雲に座している救い主と、両手に祝福を受けた百合《ゆり》の花を持った二人の天使が描かれていました。ジャンヌは、この旗印を後の裁判の中で「剣よりも四十倍好き」と語りました。

ジャンヌは神の声に従って、その旗印を掲《かか》げ、自らが先頭に立って戦いました。

私についてきなさい。私には神がいて下さる――。彼女の目的は、祖国の誇《ほこ》りと平和を取り戻すこと。その象徴として、王太子《おうたいし》シャルルをランスでの聖別《せいべつ》・戴冠《たいかん》によって正式なフランス国王にさせることでした。戦闘とは、それらの目的のための一里塚《いちりづか》にほかなりませんでした。

その戦い方は、居並《いなら》ぶ隊長たちを驚かせたはずです。なぜなら、彼らにとって、戦争とは、何よりもまず、自分の見事な武勇《ぶゆう》を示す機会であり、戦闘の結果よりも戦い方に関心を寄せるものだったからです。そして、多くの戦士にとっての関心は、いかなる戦利品を手にすることができるかということだったからです。そのために、敵の激しい抵抗に遭《あ》うと、別の折に武勲《ぶくん》を示すチャンスもあるだろうからと、すぐに戦闘を中止してしまうことも珍《めずら》しいことではなかったのです。

それが、ジャンヌの登場によって、まったく一変《いっぺん》してしまったのです。ジャンヌは、微塵《みじん》の恐れも感じさせない、神への全幅《ぜんぷく》の信頼によって、兵士たちの志気《しき》を取り戻し、戦局を切り開いてゆきました。オルレアンの解放のために周辺のいくつかの町を奪回《だっかい》し、味方でさえ驚くほど、次々と勝利をもたらしました。そして、取り戻したオルレアン周辺の町から、イギリス軍に撤退《てったい》の勧告書《かんこくしょ》を送りました。

一四二九年五月、いよいよ決戦の時となったところで、イギリス軍は自らその地を退却《たいきゃく》し、ジャンヌたちはほとんど抵抗を受けずに、あの噂の通り、オルレアンに入城することができたのです。絶望に陥《おちい》っていたオルレアンの人々にとって、それは奇蹟《きせき》以外の何ものでもありませんでした。

オルレアンの人々がどれほどの歓喜をもってジャンヌたちを迎えたのか、それは想像に難《かた》くありません。ジャンヌたちを迎える熱狂的な人垣《ひとがき》のために、ジャンヌは行進を断念しなければならないほどだったと言います。そして、誰《だれ》もが不可能だと思っていたことを、ジャンヌがこのような形で成し遂《と》げたことで、さらに不可能にしか思えなかった、王太子シャルルのランスでの聖別・戴冠の実現に人々は希望を大きく膨《ふく》らませたのでした。

しかし、ジャンヌは、神の加護《かご》を支えに、いつも前進あるのみと突き進んでいただけではありません。例えば、オルレアンの解放の後、ロワール川でイギリス軍の掃討《そうとう》作戦を始めたとき、イギリス軍の将軍が使者を送ってきて「勇気があるなら、こちらの陣地まで攻《せ》め入ってこい」と挑《ちょう》発《はっ》したことがありました。もちろん、フランス側の軍人たちは血気《けっき》にはやって一気に攻め込もうとしました。しかし、ジャンヌは、彼らを押しとどめて、今は機《き》ではないと言ったのです。

「今日のところは、もう時刻も遅いゆえ、軍を休める方がよいでしょう。けれども明日は、神と聖母の思し召《おぼしめ》しにかなうならば、もっと身近にお目にかかることになるでしょう」

それもまた、彼女が感じ取っていた神の意志——。彼女は自らだけの意志をもって行動する人ではありませんでした。常に、神の声に率直に従って行動しようとしたのです。

だからこそ、オルレアン解放も、彼女の足をとどめるものではありませんでした。この奇蹟的な解放を足がかりに勝利は勝利を呼んで、一四二九年七月十七日、ジャンヌは、ついに王太子シャルルを、ランスの地で、フランス国王シャルル七世として聖列・戴冠させたのです。

ジャンヌは、捕虜《ほりょ》となっていた兵士たちを取り戻し、その大切な聖別・戴冠式の前に、イギリス側についたブルゴーニュ公へ宛《あ》てて和解のための手紙を口述で認《したた》めました。「お互いに、心の底から許し合おうではありませんか、誠実なキリスト者がそうしなければならないように」。彼女は、過去を洗い流し、誰も辱《はずかし》めず、苛立《いらだ》たせず、その時を迎えようとしたのです。

王が聖別されたその瞬間、ジャンヌは跪《ひざまず》き、王の膝《ひざ》を抱きしめて熱い涙を流しました。そして、人々が聖歌を歌いながら彼女の前にやって来たとき、こう語ったといいます。

「ああ、善良で信心深い民衆!……もし死ななければならないのなら、ここに葬《ほうむ》っていただけたらどんなに幸せなことでしょう!」

ジャンヌがもたらした新しい生き方

先にも述べたように、この百年戦争において、フランス側の不利は、単純にイギリス側の軍事力に劣《おと》っていたということだけではありませんでした。最大のテーマは、フランスが統一されず、初めから分裂《ぶんれつ》していたという事情にあったのです。逆に言えば、それまでフランスという国は、まだ「国」として人々の心の中には存在していなかったということでしょう。

その「国」というまなざしを人々に呼び覚《さ》ましたのが、まさにジャンヌ・ダルクでした。その意味でジャンヌは、次の時代——近代の意識を先駆《さきが》けて運んできた存在であったと言えるのではないでしょうか。

しかし、また同時に、ジャンヌは、「信仰」という、人々に古くから大切にされてきたテーマについて、誰《だれ》よりも鮮烈《せんれつ》に生きて問いかけた存在でもありました。

ジャンヌにとって、信仰とは即《そく》行動でした。彼女の人生を決した行動は、彼女の中だけから必然として出てきたものではありませんでした。彼女は、「フランスを救え」という声＝神の示現《じげん》を得て、それに従ったのです。

そこにはまず、信仰があり、そして行動がありました。いいえ、信仰は行動と一つのものだったのです。

考えてみるならば、農村に生まれた普通の家の少女が、一国の軍隊を指揮《しき》し、率《ひき》いるなどということが実際にあり得ることなのか――。私たちは、その事実を簡単に受けとめることはできません。しかも、彼女は男性ではなく、何の権威《けんい》も持っていませんでした。剣を扱《あつか》うこともできず、学問もありませんでした。

本当に、必要とされる条件の一切が欠落《けつらく》していたようなジャンヌでした。ではなぜ、そのジャンヌに、軍隊を指揮することが可能だったのでしょうか。そして、そのようなジャンヌの戦い方の本質とはいかなるものだったのでしょうか。

フランス側からオルレアンの解放のために投入された部隊は錚々《そうそう》たる顔ぶれで、長期にわたる包囲《ほうい》によって疲れ切っていたイギリス軍の疲労を考えるなら、勝利はそれほど難しいことではなかったように思われます。

しかし、実はそれまでの百年戦争における敗北の連続の中で、フランス側に決定的に欠けていたのは、部隊の統一であり、心的一致であり、行動の一貫性《いっかんせい》でした。どれほどの戦力があろうとも、もしその全体に統一と一貫性が欠落していれば、その力はまったく発揮されないことになるでしょう。

その統一のために必要だったのは、国王にも勝る権威だったと、ジャンヌの評伝を書いた歴史家の一人は指摘しています。そして、それは神自身の権威以外になかったと言うのです。

王に仕《つか》えるはずの守備隊長たちが、ほとんど王に対する服従という姿勢を失っていた状況は、それだけの圧倒的な権威を必要としました。ジャンヌは、まさにそのための権威を与える、地上に降りた「処女マリア」となったのだという見解があります。当時の人々にとって、神とはキリストであるよりもむしろマリアであったという事情があり、ジャンヌの存在とマリアを重ねていた人たちは多くあったでしょう。

ジャンヌが示す切実な危機感、そして一点の曇《くも》りもない神と一つになった信仰、不純なものがまったく入り込まない意志――。それ自体、神々《こうごう》しい光を放ってやまないものだったに違いありません。獣《けもの》のように制御《せいぎょ》の利《き》かない荒くれ男たちの中にジャンヌは入ってゆき、まず彼らに彼らが連れていた娼婦《しょうふ》たちを解き放って告解《こっかい》するように求めました。さらにロワール川沿いに露天《ろてん》の祭壇《さいだん》をしつらえ、ジャンヌは自らが聖体拝領《せいたいはいりょう》（イエスの血と肉を表す葡萄酒《ぶどうしゅ》とパンを分かち合う儀式《ぎしき》）し、彼らもそうしたのです。すると、いつの間にか、荒《すさ》みが消え、若返り、彼らはまるで子どものようになって希望を取り戻していたと言います。

彼らは、ジャンヌと出会い、ジャンヌを知ることによって、自らの新しい人生と出会っていました。

ジャンヌの戦い方の根幹《こんかん》とは、まさにそのようなものだったのではないかと私は思うのです。

魂の奇蹟《きせき》

本当の意味でジャンヌの魂の道行きを辿《たど》るためには、彼女の異端《いたん》裁判の記録、その過酷《かこく》な試練を避《さ》けて通ることはできません。

ジャンヌの登場によって、形勢を逆転され、体面《たいめん》を傷つけられたイギリスは、どうしてもその屈辱《くつじょく》と不名誉《ふめいよ》を晴らさずにはいられなかったはずです。そのための最善の方法が、敵方の勝利の象徴であるジャンヌ・ダルクを魔女であると断罪《だんざい》し、フランスの勝利は神の御業《みわざ》としてもたらされたという権威《けんい》を失墜《しっつい》させることだったのです。

それは、過信《かしん》に陥《おちい》ったフランス軍がパリの遠征《えんせい》（その攻撃はジャンヌの望むものではありませんでしたが）に失敗したことから始まり、ジャンヌが救おうとしたコンピエーニュの町で現実となってゆきました。彼女は、窮地《きゅうち》に立たされたフランスを救いながら、一四三〇年五月二十三日、ついにイギリスとそれに与《くみ》する国内の一部の策略《さくりゃく》によって捕らえられたのです。

その後、ジャンヌは異端裁判にかけられました。その告発の中心にいたのは、フランス人でありながらイギリス側に与《くみ》していた、ボオヴェイの司教ピエール・コーションでした。コーションは自ら進んで告訴者《こくそしゃ》となり、あらゆる手段を用いてジャンヌを異端者として糾弾《きゅうだん》しようとしました。非道極《ひどうきわ》まる獄舎《ごくしゃ》生活を強《し》いたこともその一つです。ジャンヌを毎夜重い鎖《くさり》で身動きできないほど強く寝台に拘束《こうそく》し、さらに彼女を罵《ののし》り、乱暴を働こうとするようなイギリス兵たちを夜中房《ぼう》内《ない》にとどめ、見張らせました。昼間は連日、彼女を法廷に引き出して、弁護人もつけず、十数名もの陪席判事《ばいせきはんじ》と共に取り囲んで、厳《きび》しい詰問《きつもん》を繰《く》り返したのです。

その中で彼女を待っていたのは、幾重《いくえ》にも罠《わな》がしかけられた数々の尋問《じんもん》です。一つでも教義に背《そむ》く答えが返ってきたなら即《そく》、異端と断罪して、刑を宣告しようとしていたのです。その悪意に満ちた尋問に、ジャンヌはどのように答えたのでしょうか。

例えば、ジャンヌはこう問われます。「お前は神の恩寵《おんちょう》の中にいると思っているのか」。当時の神学では、人間は神の恩寵の中にいるかどうかを知ることはできないとされており、コーションは、もし彼女が恩寵の中にいないと答えたら、即刻不信心《そっこくふしんじん》の罪を宣告し、もし恩寵の中にいると答えたら、傲慢《ごうまん》の罪を着せて断罪しようとしていました。

そのときのジャンヌの答えです。

「もし私がその中にいないのだったら、神様が恩寵の中に私を置いて下さいますように。もしその中にいるのだったら、これからもそのままにして下さいますように。もし私が神様の恩寵の中にいないと思わざるを得ないようになったら、私は世界中で一番哀《あわ》れな女ということになるでしょう」

何という真《ま》っすぐで率直な回答でしょうか。そして、それ故《ゆえ》に何と智慧《ちえ》深い答えなのでしょうか。

ジャンヌは、学問もなく、文字も読めない一人の娘です。当然、神学における教義の子細《しさい》など知っているはずもありません。碩学《せきがく》と謳《うた》われた高位聖職者の判事たちがひねり出した狡知《こうち》に長《た》けた質問に、コーションは、ついにジャンヌを陥《おとしい》れることができるとほくそえんでいたに違いありません。

しかし、どうでしょう。ジャンヌが示した答えは、非の打ちどころのないものでした。不信心の罪も、傲慢の罪も宣告しようのない見事《みごと》なものだったのです。一座の者たちは、落雷《らくらい》に遭《あ》ったようだったと言います。コーションの圧力で、やむを得ず陪席判事を務《つと》めていた聖職者の中には、思わず賞賛《しょうさん》の声を上げる人もあったと言います。

かつてジャンヌは、神学者たちの前で、こう話していたことがありました。

「神様の本には、あなた方の本より、もっとたくさんのことが書いてあるんですよ……」

その透明なまなざしによって、世界そのものに刻印《こくいん》された神の言葉を読み、世界そのものに託《たく》された神の声を受けとめていたジャンヌだったのです。

そして、まさにこのような純粋な精神と、その精神と一つになった行動——現実によって、ジャンヌの足跡は、祖国の守護者であることを超え、かつて存在したことのない光を放つことになりました。

闘い続けたジャンヌは、幾多《いくた》の示現《じげん》によって、自らのはたらきが一年に満たないものであることを知らされていました。しかし、それが異端裁判によって終焉《しゅうえん》するとは分かっていませんでした。

最も信仰に忠実に生きようとした魂は、異端者として、つまり、自らの信仰を否定されて、この世界との訣別《けつべつ》の時を迎えなければならなかったのです。

天からのミッション――使命は、ときに現実との間に多くの軋轢《あつれき》を生じさせるものです。しかし、それら一切を包んで、恩寵の光――大いなる存在の次元からの光が降り注《そそ》いでいることを私たちは受けとめなければなりません。

そして、その激しい軋轢の中を歩んだ魂だからこそ、ジャンヌ・ダルクの存在は、忘れることのできない輝《かがや》きを、私たちにもたらしているのです。

神への愛——フランシスコ・ザビエル

ザビエルを支え続けたものとは、まさに神、そしてイエスへの限りない愛と信であったと私は思います。

一人だったからこそ、彼は一層深く強く、魂の親としての神を求めずにはいられなかった。……そして、神の声を聴くためには、謙遜《けんそん》をもって己《おの》れを空《むな》しくすることが何よりも不可欠《ふかけつ》でした。危急のとき、苦難のとき、あらゆるときに神が傍《かたわ》らにいらっしゃることを、彼は自らの身をもって実感してゆきました。神との信と応《こた》え——それが彼の宣教《せんきょう》のすべての礎《いしずえ》だったのです。

扉:フランシスコ・ザビエル(バン・ダイク作、バチカン美術館)

「一人」が抱《いだ》く力の計《はか》り知れなさ

あらゆるものを呑《の》み込み、押し流しながら、過去から未来へと流れ続けてゆく時代の潮流《ちょうりゅう》――。その圧倒的な力の前で、一人の人間はあまりにも無力で頼《たよ》りなげな存在に見えます。しかも、何かをなすには人生は短過ぎて、どんなに頑張っても、大したことはできそうもないように思えます。まして時代に逆《さか》らい、新しい流れをつくることなど、叶《かな》うべくもない――。それが多くの人の実感でしょう。

そのために、ともすれば、「自分一人ぐらい……」「私なんか……」というそこはかとない虚無《きょむ》感《かん》に支配され、願いをあきらめたり、投げやりになったりします。確かに、「一人」の無力さを証明しようとすれば、その証拠には事欠きません。何かをなそうとしてなし得なかった志《こころざし》の残骸《ざんがい》を、私たちはそこかしこに見出《みいだ》すことができます。

しかし、それでも歴史は、一方で別の真実を私たちに示しています。「一人」の人間の抱く力の計り知れなさを証す事象も、間違いなく点在しているのです。むしろ、あらゆる新しい潮流は、最初は一人の胸にともった志の灯火《ともしび》から始まったものばかりであるとも言えるでしょう。たとえ小さくても、それが確かに魂の深奥《しんおう》から汲《く》み上げられた純粋な光であるなら、時代や世界に対して決して無力ではないのです。

たとえば、本書でも紹介してきたように、イエスの心を真に引き継《つ》ぐ一人となったペトロ、腐《ふ》敗《はい》した宗教界に大きな変革のきっかけをつくったアシジのフランシスコ、そして祖国フランスを危機から救ったジャンヌ・ダルク——。皆、その始まりは文字通り何も持たない無力な「一人」に過ぎませんでした。

一人の人間が抱く力は、私たちの想像を遥《はる》かに超えるものがあり、しかもそれは特別な人だけに与えられたものではなく、誰《だれ》の中にも等しく眠っているのです。そして、一人が目覚めるなら、それは思いもかけない響《ひび》き合いを起こし、次々に連鎖《れんさ》してゆくのです。大切なことは、それほどに、私たちはもとより一つであり、つながり、結びつき、互いを預《あず》け合う存在であるということです。そして、「一人」は、かけがえのない固有《こゆう》の使命を抱く存在であるということにほかなりません。

ここで、私たちがその魂の軌跡《きせき》を尋《たず》ねようとしているフランシスコ・ザビエル（一五〇六～五二）の道行きもまた、一人の人間が抱く力の計り知れなさを私たちに伝えています。ザビエルが魂としてなしたこととは一体何であったのか、なぜそのような生き方を現すことができたのか、その秘密を尋ねてみたいと思うのです。

動乱の中で

大航海時代の幕開《まくあ》けの頃、海を越えて遥《はる》か異国《いこく》の日本に渡り、初めてキリスト教を伝えた宣教《せんきょう》師《し》ザビエル。日本での滞在期間はわずか二年余りでしたが、日本人の眼を最初に西欧へ開かせたという意味でも、わが国に与えた影響は計《はか》り知れません。

そのザビエルの人生もまた私たちと同じように、一人の人間としての宿命を背負うところから始まったのです。

ザビエルは一五〇六年四月七日、今日ではスペインに属する、ピレネー山麓《さんろく》西部にあったナバラ王国のザビエル城で城主の子として生まれました。アシジのフランシスコにあやかって、フランシスコと名づけられます。

ナバラ王国は、独自の言語や文化を持つヨーロッパの少数民族バスク人の国で、常に周囲から侵略《しんりゃく》の脅威《きょうい》にさらされてきました。それだけに紛争《ふんそう》が絶えず、ザビエルが生まれ育った時代も、ナバラ王国はスペインとフランスの戦争（一五一二～二四）に巻き込まれ、とうとう七百年の歴史に終止符《しゅうしふ》を打つことになります。

法学博士であり、かつ政府の最高行政会議の議長であった父親は、心労《しんろう》のあまり、ザビエルが九歳の折に不帰《ふき》の人となりました。年の離れた二人の兄たちも王国再興《さいこう》のために参戦しますが、結局は敗北してザビエル城は壊《こわ》され、財産を没収《ぼっしゅう》されることになるのです。

そして、不思議な運命の巡《めぐ》り合わせですが、このとき、兄たちにとって決定的な戦いとなったパンプロナの戦いで、敵の勇将《ゆうしょう》であったのが、後にザビエルの霊的な導《みちび》き手となるイグナティウス・デ・ロヨラ（一四九一頃～一五五六）だったのです。

家運隆盛《かうんりゅうせい》のときに生まれ、ほどなく、こうした凋落《ちょうらく》の一途《いっと》を辿《たど》る動乱の中で、ザビエルは城を守る母親と二人の姉たちと共に、刻々と移り変わる戦況《せんきょう》を案じながら少年時代を過ごすのです。憂愁《ゆうしゅう》の中に閉ざされる日々、苦難に耐える母親の姿が心に刻《きざ》まれてゆきました。

十九歳になったザビエルは、家の再興《さいこう》につながる道として、兄たちのように武人になる道ではなく聖職者《せいしょくしゃ》となることを決意し、パリで学ぶことになります。貴族出身者には高位聖職者になる道が開かれており、それによって莫大《ばくだい》な富と名誉《めいよ》が得られたのです。

当時、パリ大学はヨーロッパにおける最大の学窓《がくそう》で、教育と研究、それに伴《ともな》う宗教施設のすべてが集中していました。パリ大学という総称のもとに五十ほどの学院があり、ヨーロッパから四千人の学生が集まって学生街を形成していたのです。パリの人口が四十万人ほどの頃ですから、学生たちが大きな割合を占めていたということです。カルチェラタン（大学区）と呼ばれたこの街は、独自の法律と行政組織を持ち、羨《うらや》ましいほどの特権を与えられており、学生が研究する上で、真の意味で「共和国」と言ってよいほどの街であったと伝えられています。ザビエルが入学したのは、とりわけ先進的気風で有名な聖バルバラ学院でした。時は一五二五年、ザビエルは十九歳。日本では、すでに戦国時代が始まっていました。

めぐり逢《あ》う魂

当時の大学の制度は、すべての学生が一年以上、基礎教養課程を経《へ》なければならず、その後、三年半で哲学を学び、学士と修士の学位を得ます。それを得た人たちが助教授として学生たちを教えながら、さらに三年修学し、最後に専門の神学、法学、医学、哲学の各部に進み、三、四年して博士の資格を得るという道を辿《たど》ったのです。博士になるまでに十二、三年はかかるのですが、もちろんザビエルは博士課程まで進むつもりでした。

学生時代はアリストテレス（前三八四〜三二二）の哲学に打ち込むと同時に、スポーツにおいても秀《ひい》でた能力を示しました。快活で社交的、その上貴族出身らしい気品を備《そな》えた美青年の彼は人々から好かれ、その講義は学生たちの間で評判が良かったそうです。ザビエルの将来は保証されたも同然でした。そのままなら、きっと、大学に残り、哲学教授としての道を進んだに違いありません。

しかし、その彼の人生を決定する一つの出会いが訪れるのです。イグナティウス・デ・ロヨラという年の離れた一人の学生が彼に近づいてきたのです。もし、この出会いがなければ、イエズス会も生まれず、その世界的な活躍もなく、ザビエルが日本に来ることもなかったでしょう。ザビエルの人生はロヨラ抜きには語ることができず、また、ロヨラの掲《かか》げた理念も、ザビエルという体現者《たいげんしゃ》なくしては実現できませんでした。めぐり逢うべくしてめぐり逢った二つの魂だったのです。

しかし、やがて魂の父として仰《あお》ぎ、全幅《ぜんぷく》の信頼を寄せることになるロヨラに対して、ザビエルは最初から好感を抱《いだ》いていたわけではありませんでした。むしろ、同じバスク人でありながら兄たちの敵でもあったこの年長の学生に反感すら抱き、避《さ》けていました。そのこだわりが氷解《ひょうかい》し、同志となるまでには、五年余りもの歳月を要することになるのです。ロヨラは後に、「(自らが)手に取った粘土《ねんど》の中でかつてなかったほどに固くて難しかったのは、青年フランシスコ・ザビエルだった」と述べています。

ロヨラと出会う以前、学院の寄宿舎でザビエルの同室であったのがペトロ・ファーベル(一五〇六~四六)という敬虔《けいけん》で純真《じゅんしん》な青年でした。貧しい農夫の子で、羊飼《ひつじか》いをしながら少年期を送ったという経歴の持ち主のファーベルと、ザビエルは終生《しゅうせい》の友となります。そして、まず、このファーベルがロヨラに深く傾倒《けいとう》してゆきました。進路に迷いと不安を抱いていた彼は、ロヨラに導《みちび》かれ、救霊《きゅうれい》のために生涯《しょうがい》を捧《ささ》げることを決意するに至るのです。

一方、貴族出身のザビエルには高位聖職者としての富と名誉の前途が開けていました。当時、大司教の年収は、四万人の軍隊を一カ月間戦線で維持《いじ》できるほど莫大《ばくだい》なものであったと言います。家の再興《さいこう》への使命感も手伝って、この華麗《かれい》な地位への道を捨てることなど、ザビエルには考えられませんでした。実際に、高位聖職者となるために必要な貴族としての証明を取り寄せようとしてもいるのです。

その彼にロヨラは辛抱《しんぼう》強くはたらきかけてゆきました。当時、ロヨラはすでにパンプロナの戦いでの生死をさまようほどの負傷をきっかけに、苦行《くぎょう》と黙想《もくそう》の巡礼《じゅんれい》を経て、魂の転換を果たしていました。この世の栄達《えいたつ》ではなく、神の騎士《きし》として救霊の道を歩むことを決心していたのです。自らの霊的体験をもとに「霊操《れいそう》」という黙想方法も編《あ》み上げていました。霊操とは、体操が身体の運動によって体力をつくり、健康を保つことであるように、「霊的な運動＝霊操」によって、魂を鍛錬《たんれん》する霊的な道です。そして、その霊操によって少しずつ人々を感化《かんか》し、ひそかに同志を募《つの》り始めていたのです。神の騎士としてはたらく名も命も要《い》らない勇者を集めなければなりませんでした。そのロヨラの目にザビエルが留《と》まったのです。

なぜザビエルだったのか――。確かに好青年であり、優秀でもありましたが、特別に際立《きわだ》つほどの存在だったわけではありません。むしろ誇《ほこ》り高く、扱《あつか》いにくい青年でもありました。

しかし、まだまどろみの中にあって、世俗的《せぞくてき》な栄達を求めていたその人間の中に、ロヨラは、未来に現れるであろう本質をすでに見抜いていたのです。彼は、アカデミックな成功はまったく問題にはしていませんでした。何よりも、神に仕《つか》える魂であるかどうかが問題だったのです。

そして彼は、ザビエルに近づくために、同じ学院に転校したばかりか、同じ寄宿舎を選び、さらには同室にまでなってゆきました。

一方、ザビエルは大学でも一人の下僕《げぼく》を使い、自分の馬を持ち、貴族としての派手《はで》な生活を続けていました。そのため出費がかさみ、お金に困ることも少なくはありませんでした。その彼に、ロヨラ自身も余裕のない中、何とか工面《くめん》して穏やかにザビエルの懐《ふところ》に滑《すべ》り込んでいったのです。そして、折あるごとにザビエルの耳に聖書に記されたイエスの言葉を囁《ささや》き続けました。「そもそも、人が全世界をもうけたとしても、そのいのちを損なっては何の益《えき》となろう」と――。

さらに、ロヨラが示したのは、富も位階《いかい》も称号《しょうごう》も博士号もなく、十字架を背負って、道行く人々の魂の救いを求める人生でした。

時代には、エラスムス（一四六六頃～一五三六）の唱《とな》える人文主義《じんぶん》など、中世的な教会の権威《けんい》を見直そうとする新しい思想の嵐が吹き荒れていました。ルター（一四八三～一五四六）はすでに、「九十五カ条の論題」を掲《かか》げ、ロヨラと同じモンテギュー学院に在籍《ざいせき》していたカルヴァン（一五〇九～六四）も宗教改革の火の手を挙げようとしていた矢先です。その中にあって、イエスに戻ろうという根源的な呼びかけを真剣に繰《く》り返すロヨラ――。それぞれに立場は違えども、新しい時代からの風を受けとめ、懸命に応《こた》えようとしていたのです。

当初はロヨラの呼びかけに頑強《がんきょう》に抵抗していたザビエルでしたが、三、四年経《た》つうちに、ロヨラが熱を込めて語る言葉に次第《しだい》に耳を傾《かたむ》けるようになっていました。ロヨラが、救霊のために、イエスに倣《なら》って生きる高貴な理想に燃える同志を集めようとしていることも知りました。貪欲《どんよく》と野望に満ち、腐敗堕落《ふはいだらく》している時代に対して、教会の刷新《さっしん》が叫ばれているこの時機《じき》に当たって、ザビエルは、これこそが自分が命を賭《か》ける道であると思うようになります。

ちょうどその頃、敬虔《けいけん》な尼僧《にそう》として生き、ザビエルにとって大切な理解者でもあった姉のマグダレナが他界したことによる影響も見逃《のが》せません。

ザビエルの中で、かつてあんなにも輝《かがや》いて見えた栄誉への道、大学教授、高位聖職者への道は色褪《あ》せてゆきました。その代わり、「すべては、より大いなる神の栄光のために」という、神への奉仕者《ほうししゃ》として生きる道が鮮《あざ》やかに輝き始めたのです。

ザビエルは、すでにロヨラの同志となっていた五人の若者たちと新しい道に踏み出しました。

出発

四十三歳で最も年長のロヨラ、二十八歳のザビエルとファーベル。二十四歳で才気煥発《さいきかんぱつ》のロドリゲス、性格の激しいボバディリャは二十三歳。繊細《せんさい》な性格のライネスは二十一歳。さらに十九歳という若年のサルメロンは、ロヨラに対して信仰に近いほど尊敬を寄せていたと言われます。

国籍《こくせき》も年齢も様々なこの七人の同志は、将来の計画を熱心に話し合いました。まず、聖地エルサレムを巡礼《じゅんれい》し、イエスに倣《なら》って、この世の富や名誉を捨てて、その生涯《しょうがい》を救霊《きゅうれい》に捧《ささ》げようと決意しました。

聖地巡礼の許可を教皇《きょうこう》から受けるためには、ローマへ行かなければなりません。これら一切の新しい始まりのために、七人はモンマルトルの丘で清楚《せいそ》な誓願式《せいがんしき》を行いました。七人はイエスの道に従うことで一致し、清貧《せいひん》、貞潔《ていけつ》、聖地巡礼の誓願によって固く結ばれたのです。一五三四年八月十五日のこの誓願の日を、彼らは後に「イエズス会の礎《いしずえ》が据《す》えられた日である」と述べています。

その後、ザビエルは、ロヨラから三十日にわたる霊操《れいそう》の指導を受け、終生忘れ得ぬ霊的体験をしています。ザビエルの霊操に向かう態度は徹底《てってい》したものだったようです。人里離れた場所にこもった彼は、いきなり四日間食物を断ちました。これは、ロヨラが命じたことではなく、自ら進んで行ったことです。

こんなこともありました。霊的な鍛錬《たんれん》の日々の中、ザビエルは、自分が学院で跳躍《ちょうやく》の選手として選ばれ、その名誉《めいよ》を喜んだことを思い出しました。彼は自分の中に醜悪《しゅうあく》な虚栄心《きょえいしん》を感じ、それを激しく恥じるのです。そして、その罪は自分の跳躍力《ちょうやくりょく》のある四肢《しし》にあると思い、細い紐《ひも》で両腕《りょううで》と両脚《りょうあし》を強く縛《しば》り上げ、そのままの姿勢で瞑想《めいそう》に入ったのです。どれほどの時間が経《た》った頃か、血行が悪くなったために両腕両脚が腫《は》れ上がり、紐が体に食い入ってしまい、一人では解けなくなってしまいました。ようやく仲間が助けてくれたのですが、二日間腫れが引かず、激痛で苦しんだと伝えられています。片腕は切断せざるを得ないのではないかと危ぶまれたほどでした。

そうして、霊操を終え、仲間たちのもとに再び戻ってきたザビエルは、まるで別人のように輝《かがや》いていたと言われます。

「霊操の目的は、人がいかなる邪《よこしま》な欲情にも左右されることなく、自分に打ち克《か》って、生活を整えてゆくことにある」――。そのようにロヨラは述べています。そして、さらに、霊操を経《へ》たなら、「魂が勇気づけられ、所有するすべてを惜《お》しみなく神のもとに返すようになる。修行者は常に神の聖なる現前《げんぜん》の中にのみ生き、ただ神のためにのみ働き、いつまでも神に対する神聖な愛に燃えていたいと願うようになる。神は限りなく愛すべき存在であり、あらゆる美と善と永遠なるものの源泉《げんせん》である」という境地を得ると言っています。

ロヨラは、「人間とは主である神を讃《たた》え、崇《あが》め、神に仕《つか》えるために創造されたもの」と考えていました。ザビエルはそうした神の被造物《ひぞうぶつ》としての自らの使命に目覚める霊的体験を得たのです。

その後は、かつて反感すら抱《いだ》いていたロヨラに対しても、「この師から受けた恩を返すことは、一生できないでしょう」と述べるまでの大きな変化が訪れます。

やがて、同志たちは司祭の資格を取るために神学を学び終えるなど、様々な準備を整え、出発の時を迎えます。新たに三人が加わり、仲間は十人になっていました。

その頃、政治情勢の変化に伴《ともな》い、イタリアへの最短距離の道が通れなくなったため、パリから東へ出て、アルプスを越えなければならなくなっていました。出発は、二カ月繰《く》り上げられて一五三六年十一月。厳冬《げんとう》のアルプス越えを心配する人々から出発を妨《さまた》げられることを恐れ、二つに分かれて、ひそかにパリを出発します。

一行は膝《ひざ》まで雪につかっての難渋《なんじゅう》を経て、二カ月後ヴェネチアに到着しました。それから聖地への巡礼船が出る六月までの間、彼らは二手に分かれ、二つの病院で病人の看護に当たったり、司祭として告解《こっかい》（洗礼後に犯した罪を悔《く》やみ、告白して神の許しを願うこと）を聞きます。寝台を整え、病室を整理し、患者の身体を拭《ふ》き、ときには墓を掘って埋葬《まいそう》しました。パリ大学の修士たちがこのように献身的《けんしんてき》に働くことに、人々はどんなに驚いたことでしょうか。

その後、ローマへ赴《おもむ》き、彼らは教皇にも謁見《えっけん》するのですが、東方の政情が悪化し、エルサレムへの巡礼は断念せざるを得なくなります。

しかし、このイタリア滞在期間、彼らは教皇をはじめイタリアの人々に新しい風を運び、鮮烈《せんれつ》な印象を与えました。誰《だれ》の保護も受けることなく、厳冬《げんとう》のさなかにアルプスを越えてやってきた若者たちに、教皇パウロ三世は感銘《かんめい》を受け、たちまちにして惹《ひ》きつけられてゆきました。若い情熱に溢《あふ》れてはいるが少しも粗野《そや》でなく、ロヨラの霊操によって内的に鍛《きた》えられ、高い宗教的徳性と学問的教養を備《そな》えた若者たち――。彼らに強い期待が寄せられたのです。保護者や援助者も現れました。その中には芸術家のミケランジェロ（一四七五～一五六四）もいました。

一方、敵も生まれ、迫害《はくがい》も受けることになります。ロヨラは偽装《ぎそう》ルター派の首領《しゅりょう》で、霊操によって新しい弟子たちを獲得しようとしているという噂《うわさ》が流れ、同志たちは不道徳な生活をしたために追放されてきた者たちであると中傷《ちゅうしょう》を受けたのです。枢機卿《すうききょう》から「彼らは羊《ひつじ》の皮を着ている狼《おおかみ》だ」と言い放たれるまでに追い込まれてゆきました。これは、二時間にも及ぶ枢機卿との会談によって誤解が解かれ、枢機卿がロヨラにひざまずいて許しを乞《こ》うという形で収束《しゅうそく》しましたが、その後も彼らに対する様々な攻撃は執拗《しつよう》に繰り返されました。

こうした中で、「神の栄光とともにイエスの心に従って宣教するイエズス会」という新しい修道会創立の認可を求める並々ならぬ努力が続けられ、長い苦闘と奔走《ほんそう》の果てにとうとうその願いが聞き届けられるのです。

当初は、新修道会設立は混乱のもとであるとの考えから強硬《きょうこう》に反対する声がありました。しかし、教皇の命ずるところならどこへでも宣教に赴《おもむ》くことを誓った彼らにとって、世界に散ってもなお結束してゆくために、会の設立がどうしても必要でした。ロヨラは、神を信頼し、祈りとミサ、断食と苦行をもってこの最悪の事態を乗り越えなければならないと説き、現実的な働きかけも含めて実行に移していったのです。

召命《しょうめい》

そして、召命の時――「その時」は突然のようにザビエルに訪れました。

ポルトガル国王ジョアン三世の要請《ようせい》に応《こた》え、教皇《きょうこう》パウロ三世の命《めい》によって、ロヨラの同志たちはインド宣教《せんきょう》の使命を担《にな》うことになるのですが、その責任者として、ロヨラはフランシスコ・ザビエルを指名するのです。当初赴《おもむ》く予定であったボバディリャが熱病に冒《おか》されたため、急遽《きゅうきょ》ロヨラは秘書であったザビエルにその任を委《ゆだ》ねたのです。ザビエルは喜んで即座に「結構です。用意はできています」と答えたと伝えられています。

三十五歳の誕生日のその日、ザビエルはリスボンから船出をしました。希望峰《きぼうほう》経由でゴアへ向かう長い航海の始まりでした。同行する同志はわずか二人です。

七百トン前後の小船で渡るその航海は、七人中六人が確実に死ぬと言われる危険なもので、乗船者は、一攫千金《いっかくせんきん》を夢見て渡航する無法者《むほうもの》や未知の異国に憧《あこが》れる冒険者がほとんどでした。アフリカの炎熱《えんねつ》の下での四十日に及ぶ凪《なぎ》など、思うにままならぬ天候にも悩まされ、ぎっしりと人の詰《つ》まった狭い船内は劣悪極《れつあくきわ》まりない環境でした。水は腐敗《ふはい》し、人は伝染病に冒される。その上、激しい船酔《よ》い……。続出する病人や殺傷沙汰《さっしょうざた》からの怪我人《けがにん》などで、船内は地獄のようなありさまが展開していたのです。ザビエル自身も二カ月にわたって船酔いに苛《さいな》まれ、体調もすぐれなかったようです。

それでも、彼は特別待遇《たいぐう》を謝絶《しゃぜつ》し、自分に与えられた船室を病人に提供し、看護や教理の説明、告解《こっかい》を聞くことなどにすべての時間を費《つい》やしました。食べ物と言えばパンと水だけでした。

船はその後、東アフリカ交易の中心地であるモザンビークで越冬《えっとう》することになり、ザビエルは六カ月にわたって病人の看護に明け暮れました。モザンビークからローマに宛《あ》てて書かれた書簡《しょかん》（一五四二年一月一日付）の中に、「全世界の富を与えられるとしても、たった一日だけでもこのような苦しい仕事をしたくないと思う類《たぐい》の苦難の連続です」と記《しる》されているように、ザビエルは多忙を極《きわ》め、苦しみは極限状況にまで達していたようです。手紙の最後は「もっと詳《くわ》しく書きたいと思いますが、病気はそれを許しません。今日も私は七度目の刺胳《しらく》（静脈に針を刺して悪い血を出す治療法）を受けました」と結ばれています。この艦隊《かんたい》の死亡者はインド到着までに八十人に及びましたが、この程度で済んだのは、ザビエルの献身的《けんしんてき》な努力と祈りによるものであったと、後に調査をした医師は述べています。

モザンビークを出航してインドのゴアに着いてからも、ザビエルは病院に住み、病人たちの告解を聞いたり、聖体拝領《せいたいはいりょう》（イエスの血と肉を表す葡萄酒《ぶどうしゅ》とパンを分かち合う儀式《ぎしき》）をさせる日々が続きます。その様《さま》は、「たくさんの人々が告解に来ましたので、たとえ私に十個の分身があったとしても、すべての分身で告解を聞かなければならなかったでしょう」（一五四二年九月二十日付の書簡）と報告されるほどのものでした。

こうした苦難の中にいたザビエルでしたが、心を打たれるのは、どんなときも決して明るさを失っていないこと、そして神への絶対的な信と感謝に満たされていたことです。彼は先ほどの書簡に続けてこう書いています。

「主なるキリストの十字架を喜んで負う人びとは、このようなさまざまな苦しみのなかに心の安らぎを感じるもので、この苦しみから逃げたり、苦労なしに生活すれば、生き甲斐《がい》を感じられなくなるものと私は信じています。キリストを知っていながら、「もしも」自分の意見や執着心《しゅうちゃくしん》に従うために、キリストを捨てて生活するとすれば、死ぬ「よりもひどい」心の苦しみのなかで生活しなければならないことでしょう。これに等しい苦しみは他にありません。その反対に、自分が愛着することに逆らって、イエス・キリストのほかには自分の利益を求めず、日々死ぬことによって、「霊的に」生きることは、どれほど大きな慰《なぐさ》めでしょう」

こうして数々の苦難によって魂は鍛《きた》えられ、ザビエルの本格的なインド宣教が始まってゆくのです。

切実な現実の前で

ザビエルがインドの西岸に位置するゴアに到着したのは一五四二年五月、三十六歳のときのことでした。

ゴアは、ポルトガルの対アジア交易の中心地であり、総督官邸《そうとくかんてい》、官庁、教会や修道院、王立病院など、政治、経済、宗教の拠点《きょてん》が集まる華やかで活気に満ちた街でした。しかし、実は、司祭たちの生活は道徳的に荒廃《こうはい》し、信者たちの霊的な救済よりも、むしろ商売によるお金もうけに熱心なありさまでした。しかも、彼らは司祭としての教養に欠け、その怠惰《たいだ》によって信者たちは形《けい》骸化《がいか》した儀式しか施《ほどこ》されることなく放置されていたのです。

こうした現状に心を痛めたザビエルは、病院、刑務所と宣教《せんきょう》を始めてゆきました。提供された住居を断《ことわ》って、貧しい修道者にふさわしい場所として王立病院の脇の小さな家を借り、毎日病院と刑務所に通い続けたのです。病院の記録には、ザビエルは優しく患者に接し、すべてにわたって謙遜《けんそん》な人柄だったので、多くの患者が罪を清められたと記《しる》されています。

刑務所では、裁判所の審理《しんり》が遅れている未決囚《みけつしゅう》たちの不満を忍耐強く聞き、何らかの援助を約束して勇気づけ、総告解《そうこっかい》をするための方法と手順を丁寧《ていねい》に説明しました。そればかりか、総督にはたらきかけ、長期間の審理を必要としない囚人の処置を具体的に提案し、しかるべき手続きを経《へ》て釈放《しゃくほう》へと導《みちび》いたのです。

ザビエルは、ゴアにおける道徳の荒廃は、信者たちが教理《きょうり》を知らないことから来ていると考えました。そこで、一般の人々への宣教の重心を教理の教育に置き、そのために智慧《ちえ》を尽くしてゆきます。

夕方、小さな鐘《かね》を持って街角に立ち、信者の子どもや使用人たちに教理を学ばせなさいと呼びかけ、郊外の教会に導きました。そして、珍《めずら》しがり、興味を持って集まってきた人々に、自分が執筆《しっぴつ》した教理書に従って、使徒信経《しとしんきょう》や祈りを教えたのです。その方法も独特のもので、教理をリズムに合わせて歌いながら教えたのです。

こうしたザビエルの活動が功《こう》を奏《そう》してか、やがてゴアの街では鐘が鳴ると、道に立ち止まって祈りを捧《ささ》げる人々の姿が見られるようになり、家の中では子どもや使用人たちの聖歌が聞かれるようになりました。

ザビエルはこうした方法を他の神父たちにも勧《すす》めていますが、そのとき、最も大切にすることとして、言葉だけに頼るのではなく、生活の模範《もはん》を示すことによって宣教するようにと伝えました。さらに、誰《だれ》にも分かるような言葉を使って話し、自分の霊的な香《かお》りを感じさせるようにしなさい、とまで言っているのです。

こうした姿勢はザビエルにおける一貫した宣教姿勢でもあり、後に続く多くの宣教師たちの範《はん》となりました。言葉も文化も違う異国において宣教しようとする場合、まず、その国、その地域の言葉や文化を理解し、その人々が分かる言葉に教理を翻訳《ほんやく》する努力を前提としつつ、同時に、生きる姿全体で伝えることを何よりも大切にしたのです。

ザビエルはよく「愛される人間になりなさい」と言いました。もちろんそれは、迎合《げいごう》したり媚《こ》びることではなく、真実の愛を尽《つ》くすことの大切さを言ったものでした。実際、ザビエルは、荒くれ者の多い船内でも、病院でも、刑務所でも、不思議なくらい人々から慕《した》われ、愛される存在だったと言われます。もちろん利害や思想の対立から迫害《はくがい》されることも少なくはなかったのですが、その人柄《ひとがら》に直接接した多くの人々は彼の人なつっこさに心を開き、惹《ひ》かれていったのです。それは、言葉を超えて発される彼の気配や態度によるものだったのでしょう。

宣教はゴアのみではなく、インドの各地に点在する信者の村々を行脚《あんぎゃ》しながら続けられてゆきました。毎朝早くに黙想《もくそう》し、ミサ聖祭を捧《ささ》げてから、十字架を持ち、通訳と祈りをよく知っている子どもを連れて、一軒一軒を訪れ、病人や洗礼を授《さず》ける幼児がいるかどうか尋《たず》ねて回りました。そして、病人がいれば、告白の祈りや使徒信経、神の十戒を現地の言葉（タミール語）で祈ったのです。洗礼を授ける人があまりに多かったので、手が疲れ、祈りを唱《とな》え続けるため、口が利《き》けなくなるほどだったと言います。

一方、この間にもザビエルは数々の苦悩に苛《さいな》まれています。最も切実な悩みは、何と言っても、聖職者が少ないために、人々の魂を救い切れないことでした。ローマのイエズス会に宛《あ》てて書かれた書簡《しょかん》には、その切実な想いが激しいまでに溢《あふ》れており、読む者の心を揺《ゆ》さぶらずにはおきません。

「この敬虔《けいけん》で聖なる仕事をする人がいないので、この地方でたくさんの人びとが信者にならないままで放置されています。私は理性を失った人のように大声をはりあげて、そちらの大学へ〔躍《おど》り込んで〕行きたいと幾度《いくど》も思ったことです。とくにパリ大学へ行き、ソルボンヌ学院で将来救霊《きゅうれい》のために働き、成果を上げるために学問するのではなく、研究だけに携《たずさ》わっているような学者たちに、彼らの怠慢《たいまん》によってどれほど多くの霊魂が天国の栄光に行けずに地獄に墜《お》ちて行くかを話し聞かせたいのです。……

私が心配しているのは、大学で勉強している多くの人たちは、教会の高位や顕職《けんしょく》にふさわしい学問を身につけたいと思うよりも、高位、聖職禄《ろく》、司教の地位を得たいと願って学問していることです」(一五四四年一月十五日付の書簡)

続いて、大学の教授に手紙を書いて、イエス・キリストのことだけを考え、自分の利益を求めず、他人の救霊を探し求める熱心な働き手がいれば、どれだけ多くの異教徒が信者になるかを知らせたい、と記しているのです。

ここで糾弾《きゅうだん》している学生たちとは、まさにロヨラによって目覚める以前のザビエル自身のことにほかなりません。こうした現実を何も知らなかった過去の自分。その自分と同じような若者たちに向けられた痛みと悲しみを伴《ともな》った怒り——。如何《いかん》ともし難《がた》い現実の前で、一人悶々《もんもん》とするザビエルの呻《うめ》きが聞こえてくるようです。

さらに、偶像を祭り崇拝《すうはい》しては人々を惑《まど》わしているとしか思えないバラモン僧たちの横行《おうこう》など、頭を悩ます出来事は後を絶ちませんでした。

それでも、ザビエルはあきらめることなく、人々の魂の救いのために、文字通り、身を粉《こ》にして働きました。それればかりか、南インドにおけるインド諸王の政争や戦乱、襲撃《しゅうげき》から信徒たちを守るために直接和平交渉に当たったほか、私利を追求し重税《じゅうぜい》を課すポルトガル官吏《かんり》から守るために様々なはたらきかけも行っています。

そして、同時にザビエルは、自分がいまだイエスを知らない人々の中に入ってゆく勇気を主なる神より与えられたことを大いなる恩恵と受けとめ、感謝していたのです。

さらに東方へ、そして運命の出会い

インドの宣教《せんきょう》で一定の成果を上げながらも、伝統宗教の根強さやポルトガルの植民地支配の軛《くびき》など、次第《しだい》に行き詰《づ》まりを感じるようになったザビエルは、さらに東方へと向かいました。この一つの選択《せんたく》が実は日本渡航《とこう》へとつながる重大な岐路《きろ》となったのですが、そのときはまだ、そうした未来が待っているとは知る由《よし》もありませんでした。その選択に際して、ザビエルは、インド南東部マドラスのサン・トメにある十二使徒の一人聖トマスの墓所に赴《おもむ》き、神にその御旨《みむね》を聴くべく祈りの時を持っています。

聖トマスは、イエス亡き後インド宣教を志し、この地で殉教《じゅんきょう》したと伝えられている人物です。その遺骸《いがい》が祭られている教会で、ザビエルは一人自らの進むべき道を神に尋《たず》ねました。そして、彼は、さらに東方へ行くことが神の御旨であると深い慰《なぐさ》めのうちに感得《かんとく》したのです。

そして、そこからまた、マレー半島のマラッカを経《へ》て、さらにモルッカ諸島へとザビエルの精力的な宣教は続けられてゆくのです。そこはポルトガル領の最も東端でした。

マラッカでもザビエルは宣教に忙しい日々を送りながら、貧しいキリストの弟子としてつつましく暮らしました。彼の清純な生活、快活な態度に人々は心を打たれ、いつしかポルトガル人のみならず、ヒンドゥー教徒やイスラム教徒からも「聖なる司祭《パードレ》」と呼ばれるようになります。奴《ど》隷《れい》たちも、主人を訪れる際に必ず自分たちにも同じように声をかけてくれるザビエルを慕《した》いました。

そこから向かったのは、モルッカ諸島の一つアンボン島でした。そればかりではありません。かつて、司教代理が殺されたモロタイ島へも赴いたのです。誰《だれ》もが死にに行くようなもので危険であるからとザビエルを止めました。しかし、共に住む司祭もなく見捨てられたも同然の信者を励《はげ》まし、宣教地を視察したいと願うザビエルは、皆の反対を押し切って島に渡り、信者のいる十八の村々をすべて訪れたのです。モロタイの住民は貧しく、文字も知らず、貨幣《かへい》もない生活をしていました。

「……主なる神への愛と奉仕《ほうし》のために、危険や困難を自分から進んで受けようとする者にとって、この島は霊的な慰《なぐさ》めに満ちた宝庫だからです。この島では慰めの涙があふれて、数年で目が見えなくなってしまうだろうと思うほど、霊的によく整えられた生活です。……敵意に囲まれながら、島じまを絶えず歩きまわり、気を許せない友人たちの中に住み、病気になっても薬はなく、生活に必要な物資すらほとんどない状態でした。この島はモロタイ諸島と呼ぶよりも、神への希望の島と呼ぶ方がよいと思います」（一五四八年一月二十日付の書簡）

危険極《きわ》まりないからこそ、自分の力を頼むことはできず、すべてを神に委《ゆだ》ねるしかない生活。だからこそ、自分の信仰が試され、霊的に鍛《きた》えられる――。死と隣り合わせの中で生きなければならなかったこの島じまの日々を、後に振り返ったザビエルはこのように回想しています。

そうした日々の中、運命の出会いの時が訪れるのです。同じ日付の書簡に次のように記されています。

「このマラッカの町にいた時、私がたいへん信頼しているポルトガル商人たちが、重大な情報をもたらしました。それは、つい最近発見された日本と呼ぶたいへん大きな島についてのことです。彼らの考えでは、その島で私たちの信仰を広めれば、日本人はインドの異教徒には見られないほど旺盛《おうせい》な知識欲があるので、インドのどの地域よりも、ずっとよい成果が上がるだろうとのことです。

このポルトガル商人たちとともに、アンジロウと呼ぶ一人の日本人が来ました」

続いて、アンジロウがマラッカにザビエルを訪ねるに至った経緯、ザビエルがアンジロウに会って彼の中に大変大きな可能性を見出《みいだ》したことなどが書かれているのです。

この一つの出会いがザビエルの道行きを変え、ひいては日本の未来に大きな影響をもたらすことになったことは、多くの人がすでに知るところでしょう。

薩摩《さつま》の国、鹿児島の武士だったアンジロウは、よんどころない事情で人を殺《あや》めてしまい、追われる身となって寺に逃げ込んだものの、そこにもいられず、山川港に停泊していたポルトガルの船に駆《か》け込んだのです。事情を聞いた船長のアルヴァレスは、アンジロウの悔《く》いが深いのを見て、マラッカでザビエルに相談するように勧《すす》めました。アンジロウがマラッカに着くと、ザビエルはモルッカ諸島に出発した後でした。やむなく日本に帰ろうとしたのですが、日本の近くで暴風雨に遭《あ》い、再びマラッカに引き返し、ようやくザビエルに会うことができたのです。不思議な偶然がもたらした出会いでした。

ザビエルはアンジロウに、私が日本に行くとしたら、日本の人々は信者になるだろうかと尋ねます。アンジロウはこう言います。

「自分の郷里では、すぐには信者にならないだろう。そして、初めにあなたにいろいろと質問し、あなたが答えたこととあなたにどれほどの知識があるかを観察するだろう。特に、あなたの生活があなたの話していることと一致しているかどうかを見るだろう。そして、もし、あなたが二つのこと、すなわち、彼らの質問によく答えて満足させ、また、あなたの生活態度にとがむべきことを見出さなかったら、半年ぐらいあなたを試してみた後で、領主や武士たち、また一般の人々も、キリスト信者になるかどうかを考え、判断するだろう」

ザビエルは、イエズス会の初代の人々が生きているうちに、その自分たちが大切にしてきたイエス・キリストの精神、「いのち」を伝えるべき魂を探していました。インドへの宣教に行き詰まりを感じて、東方へと進路を進めたのも、その「いのち」を伝承するにふさわしい魂を探していたからにほかなりません。そして、ザビエルはアンジロウの中にその可能性を見出したのです。

ザビエルの心痛

しかし、日本に発《た》つまでに、ザビエルは多くのことをなさなければなりませんでした。一番心を痛めていたことは、ゴアの聖信学院の学院長のことでした。聖信学院とは、インド人たちへの宣教《せんきょう》に向けて、少年たちを集めて教育し、司教を養成するために創設された学院で、ゴアに限ることなく、広くマラッカやモルッカ諸島など、東洋全域から将来司祭となる人材を集めようとしており、非常に大きな期待が寄せられていました。

この学院の院長として、管区長ロドリゲスが派遣《はけん》したのは、アントニオ・ゴメスという司教でした。ザビエルは、インド南西部のコーチンへ出かけていたのですが、このゴメスが学院長にふさわしい人物であるかどうか、特に自分が来春日本へ出発した後、多くの会員を本当に統率《とうそつ》することができるのかを自分で確かめるため、急遽《きゅうきょ》予定を繰《く》り上げてゴアへ戻ってきたのです。

ゴメスの説教はポルトガルの町で人々に強烈な感動を与え、説教を聴くために闘牛場へ行くのをやめる人々が出るほどでした。この成果に勢いを得たゴメスは他の町でも熱心に説教をし、どこでも大成功を収めたのです。大勢の者がイエズス会に入会しました。インドに到着してからも、わずか一カ月でその説教は人々に感銘《かんめい》を与え、早くも成功をおさめていました。

確かにゴメスは神学にも秀《ひい》でており、熱心な説教家でした。しかし、ザビエルは、このゴメスの内に望ましくない気配が漂《ただよ》っていることを即座《そくざ》に見抜いたのです。ゴメスには、学院長として不可欠な二つの資質――「謙遜《けんそん》」と「愛徳《あいとく》」が欠けているようにザビエルには思われたのです。インドに到着したばかりのゴメスは、当然現地の経験者から学ぶ必要があるのに、まったくその気配が感じられませんでした。さらに、改宗した人々は当然のことながら、未熟な点も併《あわ》せ持っているわけですが、その人々に対して忍耐しながら寛容《かんよう》に導《みちび》き続けるという愛徳が見られなかったのです。

ゴメスは、現地の事情を考慮《こうりょ》せず、急進的で苛酷《かこく》な改革を押し進めようとし始めていました。修道院におけるあらゆる生活の革新《かくしん》に着手し、古い習慣を捨てさせ、新しい掟《おきて》を課そうとしていたのです。会員には、キリストに倣《なら》うためと言って苦行《くぎょう》を強《し》いたり、自分に反抗する者は捕らえて鎖《くさり》につなぎ、本国に送り返すよう命令したのです。ゴメスも周囲も、そうした判断に少しも疑問を持てませんでした。

ザビエルに会ったゴメスは、弁舌爽《べんぜつさわ》やかに自分の構想を語りました。しかし、そのどれもが、実現不可能に思えました。また、そこにはインドの風土や文化を考慮《こうりょ》することなく、ヨーロッパの方式を強制的に導入させようとする態度がありました。

ザビエルは、ゴメスは学院長として不適格であり、説教者として他の地へ送る必要があると結論を出しました。そして、イグナティウス・デ・ロヨラに対して、新学長ゴメスの処遇《しょぐう》を最大緊《きん》急《きゅう》の課題として報告したのです。その中で、ザビエルはこのように述べています。

——宣教師は様々な徳を備えていることが必要だが、とりわけ、傲慢《ごうまん》な態度が少しもない謙遜が必要である。特にゴアの学院長は全体を統率するため、謙遜と愛徳が必要とされる。さらに、人々に対して、優しい心と穏やかな態度で接し、厳しい態度を取らず、愛される人物でなければならない。配下の者に恐怖心を起こさせれば、人々は散り去るであろう。それゆえ、来年は、命令するよりも、命令される立場でありたいと思うような人を学院長に任命されるように——。

ロヨラは、この手紙を受け取り、早速、ゴメスの処遇をザビエルに一任する態勢を取りました。しかし、そのことをザビエルが知ったのはこの三年後でした。マラッカで受け取った書信によって知ったのです。それゆえ、その間、ザビエルはこの問題で心を悩ませ続けることになったのです。

この出来事に対するザビエルの感じ方と判断に、ザビエルの人間に対するまなざし、彼が大切にしようとしていたものが何であったのかがよく現れています。謙遜も愛徳も、自分を空《むな》しくして大いなる存在に自らを委《ゆだ》ね、他を愛し敬う心から生まれるものです。そして、「命令するよりも、命令される立場でありたいと思うような人」とは、自らの愚《おろ》かさに対する深い自覚と、他人の人生に影響を与えることへの畏《おそ》れを抱《いだ》いている人のことでしょう。

多くの人の人生に影響を与え、その魂に関わる立場の人であればあるほど、自分に預《あず》けられたはたらきに対する畏《おそ》れと責任を抱いていなければなりません。しかし、謙遜と対極にある、自分を高みに置く傲慢な心には、畏れも他に対する愛情もありません。それでは、多くの魂を守ることはできないのは言うまでもないことです。いざとなったときには、とっさに自分を優先させ、守ってしまうからです。そうした心では、どんなに人々を魅了《みりょう》する説教ができたとしても、学院長として不適格であるとザビエルは直観したのです。

どこまでも続く霊的深化の道

こうした様々な苦悩や心残りを抱《かか》えつつ、それでもザビエルは大きな希望を抱《いだ》いて、大変危険が伴《ともな》うと言われていた日本への航海に出発しました。アンジロウに教理《きょうり》をしっかり学ばせたり、霊操《れいそう》を受けさせるなど、長い準備を経《へ》ての出発でした。

航海は、予想通り並々ならぬ困難を伴うものでした。後にイエズス会員に対して「あなた方が今までに経験した大きな苦難は、日本へ渡航する場合の苦難に比べれば取るに足りないものである」と書いていますが、嵐のために同行した一人が重傷を負ったり、船長の娘が波に呑《の》まれたことによって対立が生じたりと、次々に試練がやってきました。

最も困惑《こんわく》したのは、船長が当初の約束を守ろうとせず、途中の島に次々に立ち寄り、揚《あ》げ句の果ては中国の港で冬を越そうとし始めたことでした。そうなれば、日本に到着する時期は大幅に遅れることになります。しかし、そのとき、幸いにしてその港には多くの海賊《かいぞく》がいるので危《あぶ》ないという知らせが入り、船を失うことを恐れた船長は仕方なく日本へ向かわざるを得なくなったのです。不思議なことに、このように一つ一つの困難に道が開かれてゆきました。ザビエルはその都度《つど》、深く祈り、神の恩恵に感謝するのでした。

ザビエルが日本にキリスト教を伝えるに至るまでには、想像を絶するような長く厳しい道のりがあったのです。それほど日本への宣教《せんきょう》に大きな期待を寄せていたということです。

ここでは、ザビエルの宣教姿勢を知る上でも、一五四九年十一月五日付で鹿児島からゴアのイエズス会員宛《あて》に出された大書簡《しょかん》と言われる最も長い書簡九十について触れておきたいと思います。

この書簡の中心になっているのは、宣教師の基本姿勢としてザビエルが最も大切であると考えていた深い「謙遜《けんそん》」についてです。日本に派遣《はけん》される宣教師は様々な能力とあらゆる徳を備えているることが望ましいが、すべての要《かなめ》となるのは深い謙遜の徳であると言っているのです。「深い謙遜からのみ、神へのより大きな信仰、希望、信頼と愛が、そして隣人《りんじん》への愛が、「心のうちに」増してくるのです」

「「謙遜な人たちは」自分のすべての意向と願望とを、神に仕《つか》えることのみにおくことは明らかです」

「「あらゆる」手段を尽くして内心の謙遜を得た人たちは、誰《だれ》も地獄にはいないのです」

「外面的なことよりも内心の謙遜を得るように心がけて下さい」

「すべての会員がいつも謙遜の徳に進むよう励《はげ》んで下さい」

……

このような謙遜についての言及《げんきゅう》が至るところに見られます。ザビエルが、いかに謙遜を大切な徳であると考えていたかがよく分かります。

この謙遜を得るということもそうですが、ザビエル、そしてロヨラは内的な鍛錬《たんれん》によって、霊的深化の道を辿《たど》ることをすべての時において大切にした人々でした。

ザビエルは、その書簡の中で会員たちに、「心のうちの咎《とが》むべき数かずの内的欠点をつねに見つめ、自己愛と邪《よこしま》な衝動《しょうどう》のすべてを忌《い》み嫌《きら》うとともに、世間「の人たち」が非難「の的《まと》と」する

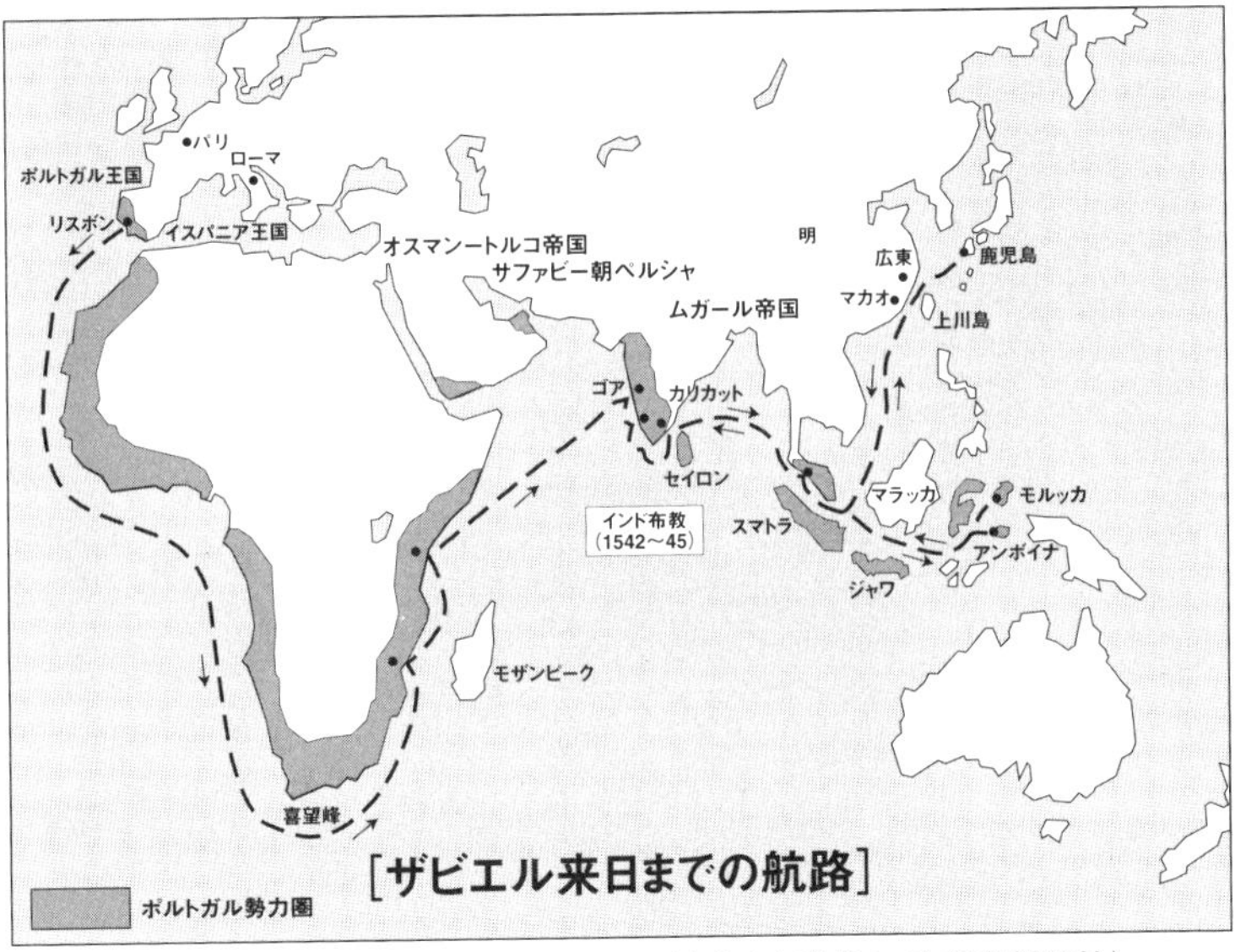

(『キリシタンロード400年展——ザビエル渡来から現代まで』読売新聞社)

どんな欠点も見出《みいだ》せないほどの完徳《かんとく》に進む」ように呼びかけています。そして、鍛《きた》えられていない心がどれほど残念な結果を生むことになるか、結局は願いを壊《こわ》し、混乱を巻き起こすものであることを、繰《く》り返し述べているのです。

ザビエルの生涯《しょうがい》から浮かび上がるのは、類稀《たぐいまれ》な行動力に支えられた献身的《けんしんてき》な宣教活動であるとともに、完徳への道、すなわち霊的深化への弛《たゆ》むことのない誠実な歩みです。席の温まる間もないほど、旅から旅へと各地を巡歴《じゅんれき》しながら、その苦難に満ちた宣教活動の中で、ザビエルが他人に対しても自分に対してもすべての中心に置いたのは、内的生活であり、霊的深化でした。ザビエルは、いつも「活動の中に高い観想《かんそう》」の道を歩み続けた人であったと評価されています。

その外的、現実的な活動は、内的な鍛錬に支えられてのものであり、常に神への祈りのうちに行動し、自らを砕《くだ》き浄化《じょうか》することによって他を愛し、献身したのです。まさに、内（心）と外（現実）とは切り離されていなかった――。彼は世界と一つにつながっていたのです。

ローマへ手紙を出しても、その返事が返ってくるまでに数年かかることもあった当時のことです。確実に届くという保証もありません。指示を仰《あお》ぎたくても仰げず、相談したくても相談相手はいない。しかもこうした宣教の形は始まったばかりで、まったく前例がない前人《ぜんじん》未踏《みとう》の道行きでもありました。

そのような中で自らの進むべき道を見出し、自分に与えられた使命を生きてゆくということは、どれほど至難《しなん》の業《わざ》だったでしょうか。誰かから強制されたわけでもない宣教の道です。ある意味ではいつでも投げ出し、逃げ出すことはできたのです。もっと怠惰《たいだ》に生きることも、快楽に溺《おぼ》れることも、理不尽《りふじん》を怒り、運命を呪《のろ》うこともできたのです。しかし、ザビエルはそうはしませんでした。

気が遠くなるようなザビエルの遥《はる》かな道のりを支え続けたもの——。それは一体何だったのでしょうか。

孤独と言えば、これほどの孤独もないと思われるほど、彼は一人で生きなければなりませんでした。最も支えとすべきロヨラとは遥かに隔《へだ》てられています。異郷《いきょう》の地にあって、いつもザビエルを取り囲んでいたのは、言葉も通じず血のつながらない人々、異なる文化、異なる生活習慣でした。彼は常にヨーロッパからの手紙を待ちわび、想いを馳《は》せ、ときに思わず、あまりに手紙が届かないことを嘆《なげ》いてもいます。

それでもザビエルの書簡は、不思議なほど孤独感からはほど遠い、確かな絆《きずな》の感覚に満ちたものばかりなのです。彼がいつも心の中でロヨラや仲間たちと一緒にあったことがよく分かります。地理的には離れていても、ザビエルは彼らと語り合い、彼らと共に歩んでいたのです。そしてザビエルは、出会う人々を愛しました。悩み苦しむ異郷の人々も決して見知らぬ人々ではなく、かけがえのない兄弟たちでした。奴隷《どれい》の身分であろうが、主人であろうが、等しく神の子であり隣人であるというイエスの精神がそこには息づいていたのでしょう。

そして、何よりもザビエルを支え続けたものとは、まさに神、そしてイエスへの限りない愛と信であったと私は思います。

一人だったからこそ、彼は一層深く強く、魂の親としての神を求めずにはいられなかった。異郷の空を仰ぎ、神を呼び、神に語りかけ、神に尋《たず》ねた。試練多き人生だったからこそ、幾度《いくど》となく神の名を呼びました。自分はいかに生きるべきか、いずこに赴《おもむ》くべきか──。すべての指針をそこに求める以外になかったのです。

そして、神の声を聴くためには、謙遜をもって己《おの》れを空《むな》しくすることが何よりも不可欠《ふかけつ》でした。危急《ききゅう》のとき、苦難のとき、あらゆるときに神が傍《かたわ》らにいらっしゃることを、彼は自らの身をもって実感してゆきました。神との信と応《こた》え──それが彼の宣教のすべての礎《いしずえ》だったのです。

しかし、このザビエルも、最初から偉大な宣教者だったわけではありません。また、初めから神に対する強いリアリティを抱いていたわけではなかったはずです。その資質は、ロヨラが見出したように彼の中に確かに眠っていたのでしょう。しかし、ザビエルがあのザビエルになっていったのは、長い長い異国への旅の道のりのその一歩一歩の中でだったのです。毎日毎日、降りかかる試練に誠実に向き合う中で、その一つ一つを超えてゆく境地と智慧《ちえ》が引き出され、神への愛を深めていったのです。

ザビエルは、小さなことを決しておろそかにしてはならないと繰り返し語っています。日々の一歩一歩こそが神への道であることを、いつも死と隣り合わせだったその人生の中で学び取っていったのでしょう。

そして、いと小さき者としての自覚——謙遜の心の深まりはますます神の偉大さを知りゆくものとなり、霊的な深化への強い内的必然を呼び起こすものとなったのです。

ザビエルは、日本にキリスト教を伝えた後、マラッカを経てゴアに戻り、再び日本に向かいました。その途次《とじ》、病状が悪化し、広東《カントン》の近く、中国本土が見える小さな上川島《サンシャン》というところで、イエスの名を呼びながら息を引き取りました。一五五二年十二月三日、四十六歳のときのことでした。日本文化の母胎《ぼたい》である中国で宣教に成功すれば、やがて日本に広まることになるに違いない——。そうした、中国への宣教の希望を胸に秘めての最期《さいご》でした。

神の僕《しもべ》——マルティン・ルター

ルターの生涯《しょうがい》を振り返るとき、一すじ真《ま》っすぐに貫《つらぬ》かれている強い動機が透《す》けて見えてきます。それは神の御《み》言葉、聖書への徹底した信です。様々な事件や問題が起こったときも、論争のときも、著作を著《あらわ》すときも、ルターの中にはいつも立ち還るべき原点がはっきりしていました。自らの中心に揺《ゆ》るぎない基軸《きじく》が確立していたということです。……そうしたルターの人生はまさに、神の僕《しもべ》としての軌跡《きせき》を描いています。

扉：説教壇から説教するルター（グラナッハ作、祭壇部分画、ヴィッテンベルク町教会）

貫《つらぬ》かれる意志

「ヴォルムスには屋根の上の瓦《かわら》の数ほどたくさんの悪魔がいるとしても、それでも私はそこへ出かける」

一五二一年、四月初旬のこと。ドイツ（神聖ローマ）帝国議会の開催地ヴォルムスをめざして旅路《たびじ》を急いでいた一人の修道士は、天を仰《あお》いでこう叫《さけ》んだと伝えられています。

この修道士とは、ヨーロッパで宗教改革の潮流《ちょうりゅう》を起こしたマルティン・ルター（一四八三〜一五四六）です。彼は、それから間もなく議会に出頭し、ドイツ皇帝カール五世をはじめ、諸侯《しょこう》、高位聖職者《せいしょくしゃ》たちが居並ぶ前で、審問官《しんもんかん》から自らの著書を指さされながら、「ここに書かれた説を取り消すか否《いな》か」と厳《きび》しく詰問《きつもん》されます。ルターは一日の熟考《じゅっこう》の後、以下のように答えました。

「皇帝陛下《へいか》、選帝侯《せんていこう》、諸侯閣下《かっか》は、明白、単純、率直《そっちょく》な答弁《とうべん》を要求されるので、私も、歯にきぬ着せずに申しあげます。……私は先にみずから引用し、あげておいた聖書の言葉を確信し続けます。私の良心は神の言《ことば》に捕《と》らえられています。良心に逆《さか》らって行動することは、確実でもなく正しくもありませんから、私は何ごとも取り消すことはできませんし、また欲しもしません」

そして、答弁の最後をこう結びました。

「ここに、私は立つ。私はこのほか何ごともできません。神よ、われを救《たす》けよ。アーメン」

ルターが自らの意志をきっぱりと示したこの瞬間こそ、歴史における一つの大きな転換点となったのです。

翌日、皇帝カール五世は自ら判決文を起草《きそう》し、ルターに異端《いたん》を宣告しています。後日発布《はっぷ》された勅令《ちょくれい》には、「ルターは自由意志を否定する異教徒《いきょうと》であり、彼の教義《きょうぎ》は騒乱《そうらん》・戦争・殺人・キリスト教界の崩壊《ほうかい》などに寄与する。……なんぴともルターをかくまってはならない。また彼に従う者も罪に定められる。彼の著書も人びとの記憶から根こそぎにされなければならない」と記《しる》されていました。

当時の人々にとって、ルターが帝国議会に召喚《しょうかん》され、審問の機会を与えられたことも驚きでしたが、さらにその審問において皇帝の命《めい》に従わず、自説《じせつ》を取り消さなかったことは、それ以上に驚くべきことでした。なぜなら、教会の権威《けんい》にかげりが見え始めていたとは言え、当時のローマ教会や皇帝の権力は、現在の私たちには想像もできないほど絶大《ぜつだい》なものがあったからです。それだけに、ルターのこの答弁は画期的《かっきてき》なものであり、また危険極《きわ》まりないものでした。

ルターがそこまでの危険を冒《おか》してでも貫かずにはいられなかった信仰とは、一体いかなるものであったのか、あるいはまた決して取り消すことができなかった自説《じせつ》とは一体何だったのか、その魂の求道《ぐどう》の軌跡《きせき》を尋《たず》ねてゆきたいと思います。

人生の土台としての勉学期

マルティン・ルターは、宗教改革者として知られてはいますが、変革者としての社会的な活躍《かつやく》という側面に比して、一人の人間としての人生の歩みや求道者《ぐどうしゃ》としての内的な深まりについてはあまり知られていないように思われます。

ルターは、「私は農民である。私の父、祖父、先祖は善良な農民であった」と語っていますが、生涯《しょうがい》、自分が農民の血を引く者であることに誇《ほこ》りを抱いていました。

父ハンス・ルターは若い頃、貧しさゆえに故郷を離れなければならず、銅山で働く鉱員《こういん》となります。当初の生活は大変貧しいものでした。しかし、やがてその勤勉さと誠実さゆえに、粗銅《そどう》を生産する小工場主となるというささやかな成功を収《おさ》めることができました。

ルターは、その父ハンスと母マルガレーテの長男として生を亨《う》けたのです。両親は大変厳格《げんかく》で、ルターは幼い頃、幾度《いくど》もひどく殴打《おうだ》されて育ちました。それでも幸せだったのは、父親の社会的地位の上昇に伴《ともな》って、教育を受けることができたことでした。農民の子であり鉱員の子でありながら、ルターが教育を受けることができたということ、それは彼の人生にとって決定的なことでした。

ただ、その教育環境は恵《めぐ》まれていたとは言い難《がた》いものがあり、苦しくつらい時期でもありました。五歳から十三歳まで通ったマンスフェルトのラテン語学校はとても厳しく、鞭《むち》打たれる日々の中で勉学が続けられたのです。

また、その後、両親の許《もと》を離れて通ったマグデブルクのラテン語学校では、物乞《ものご》いと言ってもよいような托鉢《たくはつ》によって生活の糧《かて》を得ています。ヨーロッパ中世の親たちは、自分の子どもが将来楽園に入ることを望み、その楽園への道を辿《たど》るためには托鉢を通過しなければならないと考えていたのです。

そのラテン語学校在学中、十四歳のルターは、一つの光景に出会い、強い衝撃《しょうげき》を受けています。アンハルトの領主でありながら、フランシスコ会士として修行を続けていたウィリアム王子が、断食《だんじき》や苦行によって骨と皮ばかりになって、まるで今にも気を失いそうなロバのように袋を背負って裸足《はだし》で歩いているのを見たのです。その人はまだ若かったにもかかわらず、老人のようになり、死人のような顔色をしていました。彼は、神に対する信仰のために苦行をして、やつれていたのです。

当時は、そうすることが神の意に叶《かな》うことであると信じられていました。少年ルターは、彼をじっと見つめ、その神に対する信仰の強さに心打たれる一方で、自分が世俗《せぞく》的生活をしていることを深く恥《は》じたのです。ルターの内なる疼《うず》きが喚起《かんき》された出来事でした。

その後、十五歳からの四年間、ルターは、アイゼナハで勉学を続けました。ここでは作文や作詩法でクラスの首席を占め、他の生徒を手伝うようになっています。後年、彼の人生を大きく開くことになる弁論《べんろん》の組み立てと作詩の才能はこの頃に現れ始めたのです。

また、生涯ルターが愛してやまなかった音楽への関心が芽生《めば》えたのも、このアイゼナハ時代でした。あまり知られていないことですが、音楽の領域におけるルターの寄与《きよ》には多大なものがあります。当時、音楽は貴族の特権の一つだったのですが、中世社会の崩壊《ほうかい》とともに芸術も変化しました。この変化の過程でルターは音楽を簡素化し、大衆が自由に歌えるようにしたのです。

彼は、やがてたくさんの賛美歌《さんびか》の作詞作曲をします。ルターにとって音楽とは、単なる学芸でもたしなみでもなく、神の被造物《ひぞうぶつ》であり、「最も美しく、最も素晴《すば》らしい神の賜《たまわ》り物の一つ」にほかなりませんでした。そして二百年後、そのアイゼナハに生まれたヨハン・セバスチャン・バッハ（一六八五〜一七五〇）にその精神は引き継がれたと言われています。

真面目《まじめ》に勉学に勤《いそ》しんだルターは、十八歳のとき、ドイツで第一の評判を得ていたエルフルト大学に入学することができました。

「本当に学びたい者はエルフルトに行く」という言い伝えがあったように、ルターは、学問の道を極《きわ》めようとする者として絶好の環境に恵《めぐ》まれることになります。

ルターは、エルフルトを「新しきプラハ」と名づけています。プラハは、当時ヨーロッパでも最も美しい都市であり、中欧第一の大学都市でした。また、エルフルトの街の真ん中には歴史を重ねた立派な大聖堂がそびえ立っており、ルターは「塔《とう》の都市」とも呼びました。ルターが学んだエルフルト大学は、やがてドイツ文芸復興の中心となるのです。

大学でルターは学士となり、続いて十七人中二番の成績を修めて修士の学位を得ています。学生時代も真面目で模範《もはん》的な青年でした。当時の様子はこのように伝えられています。

「ルターは本当に活発で陽気な若者であったが、それでも学業の大半は熱心に祈ることであるというのが信念だったので、彼は朝ごとに心から祈り、礼拝に出席してから自分の勉強を始めている。寝坊して講義に遅れたり、欠席することはなかった。彼は好んで教師たちに質問し、礼儀正しく教師たちと語り合い、しばしば同輩とともに復習し、講義がないときには大学図書館で過ごすのが通例であった」

父親は、このようなルターを大変誇らしく思い、ルターが立派《りっぱ》な法律家になることを望んでいました。

しかし、ルターの人生には、徐々にもう一つの道への誘《いざな》いが始まっていたのです。

回心《かいしん》、そして修行期

青年期のルターに突然降りかかった、一つの事故のような出来事がありました。一五〇五年、ルターが二十二歳のときのことです。

夏のある日、ルターはシュトッテルンハイム付近を歩いていました。すると、晴天であったにもかかわらず、急に雷雨《らいう》となり、突然ものすごい稲光《いなびかり》とともにルターの近くに雷が落ちたのです。大地に叩《たた》きつけられたルターは、自らの守護聖人である聖アンナに叫ぶようにして祈りました。

「聖アンナ様、助けてください、私は修道士になります」

気がつくと、このような祈りを口にしていたルターは、自らの内にすでに道が敷《し》かれていることを直感したのでしょう。それまでは、その想いはそれほど確定的でも決定的でもなかったのに、一度言葉に発された瞬間《しゅんかん》に結晶して不動不壊《ふどうふえ》のものになってしまう――。そういう瞬間だったに違いありません。

このような回心の体験を経《へ》て、ルターは、エルフルトのアウグスティヌス派の修道院に入ってしまいました。父親はそのことを知り、驚き、怒りました。

「しかし私は頑固に初志《しょし》を貫《つらぬ》こうとした。私は再び修道院から出てこようとは思わなかった。神がその時が来たと思いたもう時まで、私は完全にこの世に死んだのである……」

ルターは、後にそう語っています。こうして「この世に死ぬ」ことを選んで修道院に入ったルターでしたが、すぐには修道士として受け入れてはもらえませんでした。なぜなら、修道士になるには、両親の同意がなければならなかったからです。

父親は、ルターが修道士になることを望んでいませんでした。と言うのも、当時、教会の権威《けんい》にかげりが見え、修道院内部でも世俗化《せぞくか》が進む中で、しばしば人々の批判や嘲笑《ちょうしょう》の対象となるような状況があったのです。ですから、父親は、息子が落雷《らくらい》によって見たのは悪魔に違いないと思っていたほどでした。

父親がルターの修道院入りに同意するのは、二人の息子をペストで亡くしたときでした。中世では、ペストは黙示録《もくしろく》の地震に比べられ、審判《しんぱん》の先触《さきぶ》れとして大変恐れられていました。ルターが修道院に入った翌年、ペストが猛威《もうい》を振るい、ルターはペストで死んだらしいという噂《うわさ》が流れました。二人の息子を亡くし、悲嘆《ひたん》に暮れた父親は、「もしルターが助かったら、修道士にならせます」と祈りました。そして、ペストの嵐が終結した頃、その知らせはルターに届き、ルターは修道士として迎えられたのです。

修道士の誓約《せいやく》は、従順《じゅうじゅん》、清貧《せいひん》、貞潔《ていけつ》でした。この世から逃《のが》れ、ひたすら祈りの生活に精進《しょうじん》することが規定された道だったのです。中でも、ルターが選んだアウグスティヌス修道院は、エルフルトにある六つの修道院のうち、最も規則の厳《きび》しい修道院でした。

ルターは、その頃の修道院生活を振り返って、次のように語っています。

「私が敬虔《けいけん》な修道士であり、修道院の規約を厳格に守ったことは真実である。修道院の生活によって天国に入れる修道士があったら、私も天国に行けると思う。私を知っている修道士の兄弟たちはだれでもこのことを証言してくれるだろう。私の修道院生活がもっと長くつづいたなら、不眠と祈り、読書と労働、その他あらゆる責務《せきむ》のために死んだであろう」

このような厳しい修行を続けたルターが司祭《しさい》になったのは、二十四歳のときのことでした。そして、初めてのミサを執《と》り行うことになりました。ミサとは、イエスがゴルゴダの丘で自らを十字架の犠牲《ぎせい》として捧《ささ》げたことを心に刻印《こくいん》し、最後の晩餐《ばんさん》にちなんでイエスの血と肉を表す葡萄酒《ぶどうしゅ》とパンを司祭の手で神に捧げ、信者に分かち与える重要な儀式です。

パンと葡萄酒を神に捧げながら、ルターは言いようのない恐怖に捉《とら》えられ、おののき震えています。「自分が語りかけている方は、一体誰《だれ》なのか」という想いがルターの心から離れなかったのです。罪深い人間がどうして永遠の真理である神に、ほとんど対等の立場で語りかけることができるのだろうか——。そう考えたのです。

彼は聖壇《せいだん》から逃げ出したい衝動《しょうどう》に駆《か》られましたが、どうにか儀式を終了させることができました。このときから、彼の中には従来の神学に対する疑問が強まるようになり、修道院生活も心の安らぎの場ではなくなったのです。内面に深い苦悩を抱えての生活が続くことになりました。

当時のルターにとって、神は畏怖《いふ》する存在であると同時に審判する存在でした。神は神聖であり、完全なる正義であると思えば思うほど、その神よりの審判は恐ろしいものと感じられたのです。

やがてルターは、新設されたヴィッテンベルク大学より招きを受けます。わずか二十五歳の若さで講座を持ち、論理学とアリストテレス哲学の講義をすることになったのです。ここは彼の終生の働き場所となりました。

その頃、苦悩の期間を経て、彼の中に一つの新しい開けが訪れます。十字架上でイエスは、人間の罪悪と苦悩を一身に引き受けて下さったと知ったとき、恐ろしい審判者であったイエスが、誰よりも憐《あわ》れみ深く、罪深い自分を含めてすべての人々を受けとめ、癒《いや》して下さる愛そのものの存在であったことに目が開かれます。ルターは自らの苦悩の内に、イエスの苦悩と愛を知り、そしてイエスの苦悩と愛の中に、神の哀しみと愛を発見したのです。神、イエスへの恐れは、深い信仰の喜びへと転換していったのです。

ルターはその後、論理学と哲学を講じることから、神学の専門家に転ずることになります。この転換によって、将来宗教改革者へと導《みちび》かれるわけですから、それは重要な選択でした。

ルターの講義は、学生たちの信望を集めました。講義は論理的にも明晰《めいせき》で、現実の問題を例に取りながらの実際的なものであり、かつ熱情的でした。また、彼はこの頃より、説教師としても活動し始めています。

そしてついに、彼には神学博士の学位が与えられるのです。一五一二年、ルター二十九歳のときのことです。彼が傍《かたわ》らでずっと続けてきた聖書の研究が認められ、聖書学の教授となり、聖書講義を担当することになりました。そこから聖書に関する研究は一段と深められてゆくのです。

改革者としての始まり

一五一七年秋、ルターは、「九十五カ条の論題（提題）」を世に問います。

「九十五カ条の論題」とは、当時大きな問題となっていた、教会発行の贖宥状《しょくゆうじょう》に関してルターが疑問に思う事項をまとめたものでした。贖宥とは「ゆるし」を意味し、しばしば「免罪《めんざい》」とも訳されています。つまり、本来は、煉獄《れんごく》に行くことが前もって定まっている者が、自ら苦行し犠《ぎ》牲《せい》を払うことによって罪が許されることを保証する、教会のはたらきを指していました。

十世紀に始まったと言われる贖宥の慣習は、ルターの時代にはヨーロッパにおいて頻繁《ひんぱん》に行われ、教会の重要な財源《ざいげん》となっていたのです。しかし同時に、様々なところで弊害《へいがい》も現れ始めていました。

例えば、その頃教会の財政難を解消するために、ローマの聖ペトロ大聖堂の建設を理由に贖宥状の販売が奨励《しょうれい》されていたのですが、その販売を大司教から委《ゆだ》ねられていた僧侶テッツェルの販売の仕方はこうでした。

テッツェルは、教皇の紋章《もんしょう》のついた十字架を先頭にして、贖宥状の教皇勅書《ちょくしょ》を金のビロードの上に載《の》せて行列をつくって町で説教をしました。彼は言葉巧《たく》みに、いかに教皇が偉大であるか、煉獄での刑罰がどんなに恐ろしいかを述べ、「お金が箱の中でチャリンと音を立てさえすれば、たましいは煉獄の焔《ほのお》の中から飛び出してくるのだ」と声を大にして呼びかけたのです。人々は、このテッツェルの説教に感動し、争って贖宥状を求めました。自分の犯した罪を本当に悔いるのではなく、贖宥状によって罰を逃《のが》れようとするようになっていたのです。

ルターにとって、「悔い改め」とは、信仰者が生涯《しょうがい》を賭《か》けて自己の罪を悔いる、存在の根源に関わるテーマでした。そして、罪の許しは神の意志による以外はあり得ないことであり、贖宥状の販売がいかに馬鹿《ばか》げているかは、火を見るより明らかでした。

ルターは、教区の人々の懺悔《ざんげ》を聞いて、贖宥状が信者に悪い影響を与えていることに胸を痛め、このまま放置しておくことはできないと考え始めました。そしてあるとき、大司教が贖宥状販売者に出した指示書の中に、「懺悔なしに死者のために買った贖宥状も有効である」という文章を見つけ、大変に驚き、ついに行動に移すことにしたのです。ルターは、当時、学者間で行われていた論争の形式に従って、ヴィッテンベルク教会の扉に「九十五カ条の論題」をはり出し、大司教ほか、幾人かの教会の上司に畏怖《いふ》の念を込めて手紙を書き、「九十五カ条の論題」を添《そ》えて送りました。

ルターは当初、教会に打撃を与えようと思っていたわけではありませんでした。信仰深き従順《じゅうじゅん》な修道士であった彼は、しかるべき筋《すじ》に訴え出れば、後はその筋がこの不法な行為の改善を図ってくれるだろうと思っていました。

ところがその後、ラテン語で書かれた「論題」はドイツ語をはじめとして様々な言語に翻訳《ほんやく》さ

1517年、ヴィッテンベルク教会の扉に「95カ条の論題」をはるルター
（宗教改革史博物館）

れ、わずか二週間でドイツ中に、そして一カ月でヨーロッパ中に知れわたり、人々の注目を集めることになりました。まるで天使自身がメッセンジャーとなって、全国民の日の前にこの論題を運んでいったように見えたと言われるほどに、ルターの提示した問題意識は、人々に熱狂的な共感を持って受け入れられました。ルターの思惑《おもわく》を超えて、まさに新しい時代を求める風が社会全体に吹いていたとしか言いようがありません。それが、結果として教会に一撃《いちげき》を与えるものとなったのです。

ルターが投げかけた論題によって波紋《はもん》が広がる中、彼を危険視する人々や反駁《はんばく》する声が高まると同時に、多くの支持者も現れてきました。

教皇側は最初、この「九十五カ条の論題」に関して、修道士同士の争いに過ぎないとしか捉《とら》えていませんでしたが、次第《しだい》に捨てて置くわけにはゆかなくなりました。ルターは火刑にされるだろうという噂《うわさ》まで立ちました。実際、身に危険が迫ったこともあったのです。皇帝は、教皇にルターの活動停止を要求しています。こうしてルターは教皇、皇帝、枢機卿《すうききょう》に反対されて、四面楚《しめんそ》歌《か》の状況に追い込まれました。

そして、ルターの改革者としての生涯を決定する一つの事件が起こります。いわゆるライプチヒ論争です。それは、インゴルシュタット大学の教授で、教皇側のヨハン・エックが、ルターの同僚カールシュタットに攻撃を浴びせかけるところから始まった論争でした。ルターは、どうしてもこれを受けて立たざるを得なくなったのです。

ライプチヒの討論は三週間近く続きました。主な論点は二つでした。一つは教皇の至上権《しじょうけん》についてであり、もう一つは百年前に異端者《いたん》として火刑に処せられたボヘミアの宗教改革者ヤン・フス（一三七〇頃～一四一五）の教えをいかに評価するかというものでした。それはすなわち、ルターがどの程度異端であるかを確かめようとする、この討論の目的の一つにつながるものでもあったのです。

問題になったのは、第二の論点、フスの評価についてでした。ルターは、「ヤン・フスの論題の中には、教会が弾劾《だんがい》することのできない、多くの、まったくキリスト教的で、福音《ふくいん》的なものがあります」と答えました。そしてさらに、公会議も誤ることがあり、実際誤ってきたと言明《げんめい》したのです。これを聞いていたライプチヒのザクセン公ゲオルクは、「病気が言わせるのだ」とつぶやいたと言います。

こうして長い討論会は終わりましたが、ライプチヒ論争は、ルターとローマ教会との対立を決定的なものにしました。ルターはフスと同様に異端者の立場に立つことになり、今や破門への道しか残されてはいませんでした。

当時、ヴィッテンベルク大学と並んで有名だったライプチヒ大学の総長は、ルターのことをこう記《しる》しています。

「彼はどんな場合でも、自分を適応させてゆける。社交にさいしては愉快《ゆかい》で、冗談《じょうだん》好きで、生きいきとしており、いつも楽しげで快活《かいかつ》であり、反対者が彼を脅《おびや》かしているときでも、明るい顔つきをしている。だから彼が難局に立っているときでも、神の力は彼とともにあることが見られる」

難局に立っているときですら、神の力がルターと共にあるように見えたのは、ルターの揺《ゆ》るぎない信仰心から放たれる光ゆえのものだったのでしょう。

この討論の後、ルターの許《もと》には多くの反響が寄せられるようになりました。そこには批判や攻撃もありましたが、彼を賞賛《しょうさん》し、支持する意見も多くありました。

その後もルターは、大学で講義を続けながら、多数の論文や著書によって精力的に反論に答えてゆきました。人々も、彼のパンフレットや本が出版されると、印刷所でこれを待ち受け、刷《す》り上がりを待って読むほど求めていました。そこでルターは、もっと多くの人々、あらゆる身分の人々に向けて発言しようと考え、一五二〇年より本格的に出版活動を始めるのです。

闘う信仰者

ルターは、人々からの攻撃や批判、非難に対して大いに闘いました。言語学上の言葉の使い方に関しても厳密《げんみつ》で、文法の誤りなどについて指摘することにおいても徹底していたようです。とりわけ聖書の解釈については、終始一貫《しゅうしいっかん》して闘い続けています。

また、ルターは、豊かな言語的知識の中から適切な喩《たと》えや格言《かくげん》を取り出して使うことにも長《た》けていました。想像力豊かな単語、動作を表すのにぴったりの動詞、巧《たく》みに用いられる擬音《ぎおん》……等々、言語という道具を見事に駆使《くし》しました。

ルターは、学者の世界や外国に対してはラテン語で書いていましたが、一般民衆に向けてはドイツ語で書き、そのときにこそ、彼の力が発揮されたと言われています。さらに彼の音楽的な才能も、人々の心を動かした要因として挙げられます。ルターが紡《つむ》ぎ出した言葉の持つ音のリズム、抑揚《よくよう》なども力強く響き、人々の心を打ったのです。

ルターの闘いには、何の権威ある援護《えんご》もありませんでした。彼が持っていたのは聖書と、聖書が何をなすべきかを告げてくれるという内なる声だけでした。神が自分を召《め》したもうたのだから、自分がその御心《みこころ》に叶《かな》えば神は援《たす》けてくださるだろうし、神がほかの決定をなされば自分は滅《ほろ》びてしまうだろうと思っていました。

そして、ルターの本格的な出版活動として著《あらわ》されたのが、三大宗教改革文書と呼ばれる三冊の著作です。

第一は『キリスト教界の改善について　ドイツ国民のキリスト教貴族に与《あた》う』と題されたものです。第二は『教会のバビロン捕囚《ほしゅう》』、第三は『キリスト者の自由』です。

第一の書は、ローマ教会を支えている三つの原理を鋭《するど》く批判し、改革の具体的方針を述べているものです。ルターは、「沈黙の時は過ぎ去り語るべき時がきた」と述べて、ローマ教会の横暴《おうぼう》に対して立ち上がった決意を表明しています。そしてなぜ今、改革が必要なのかを説き、人々に改革を呼びかけています。それは、いわば檄文《げきぶん》とも言うべき書物でした。この六十頁に満たない小冊子は、何週間も経《た》たないうちにたちまち四千部が売れてしまったと言います。

ルターの親しい友人たちは、この「穏《おだ》やかならぬ」調子で書かれている小冊子があまり出回らないようにした方がよいのではないかと忠告しました。しかし、ルターは、自分の関心が賞賛《しょうさん》や名声を得ることにはないことを人々に知ってもらう必要があると友人宛《あて》に書いています。そして、「私の見るところでは、今日穏やかな文書を書いている人々はすぐに忘れられてしまい、だれからも意に介《かい》されない」と語りました。

第二の書『教会のバビロン捕囚』は、秘蹟《ひせき》について攻撃したものであり、当時の神学者たちはこの書を極《きわ》めて危険な著書と見なしました。なぜなら、秘蹟とは神の恩寵《おんちょう》を信徒に与えるための儀式であり、ローマ教会の根本的教理《きょうり》でもあるために、秘蹟という教理の変更は、従来の教会制度の崩壊《ほうかい》を意味するものだからです。さらにこの書は、修道院制度をも基本的な点において批判しています。単なる「善い行い」や功績は、信仰に比べれば何ら意味がないという基本的な見解を述べた上で、使用人のはたらきは「信仰を欠いたままでなされる修道士や司祭の断食や刻苦《こっく》のすべてより神の御心に叶《かな》うものである」と断言しているのです。

この書は、ルターと教会との訣別《けつべつ》を決定的なものとしました。彼の身を案じた人々は、これは偽作《ぎさく》で他人の著作だと言明するように勧《すす》めましたが、ルターは妥協《だきょう》しませんでした。

同じ一五二〇年、引き続きルターは、三冊目の著作『キリスト者の自由』を世に送り出しました。この書は、ルターが自らの信仰を表明する意図をもってわずか一週間余りで書き上げたものであり、短い文書ですが、ルターの思想や信仰が凝縮《ぎょうしゅく》して著されています。ルターはこの書の中で、「キリスト者はすべての者の上に立つ自由な君主であって、何人《なんぴと》にも従属《じゅうぞく》しない。キリスト者はすべてのものに奉仕《ほうし》する僕《しもべ》であって、何人《なんぴと》にも従属する」と述べています。そして、この「自由な君主」と「奉仕する僕」は矛盾《むじゅん》することなく一つに結ばれており、神への信仰と隣人《りんじん》への愛に生きることこそが、キリスト者としての真の自由であることを明らかにしています。

三大宗教改革文書を次々に世に問うた一五二〇年は、ルターにとって特別な年となりました。ライプチヒでの討論以来、ドイツ国民の間で注目の的になっていたルターは、この三大宗教改革文書を出版することによって、宗教改革の指導者とみなされるようになったのです。

ルターと聖書

ローマ教会は一五二一年一月三日、ルターに対して正式な破門《はもん》状を発布《はっぷ》しました。そして、帝国議会での信仰の再調査という異例の措置《そち》が取られ、ヴォルムスの議会に召喚《しょうかん》されたのです。その時の様子は冒頭で記《しる》した通りです。

異端者とされ、法の保護外に追放されたルターは、ヴォルムスを出発し、アイゼナハでザクセン選帝侯《せんていこう》フリードリヒの計《はか》らいによって、ヴァルトブルク城にかくまわれました。チューリンゲンの森を眼下《がんか》に見下ろし、小鳥のさえずりが絶えることなく聞こえる自然に包まれた城の中で、彼は、修道服を脱《ぬ》ぎ、騎士《きし》の服を着て剣を下げ、ゲオルクと名乗って、約十カ月の時を過ごすことになります。

これまでローマ教会との闘いに明け暮れていたルターにとって、ここでの生活はあまりに単調で、ときに孤独感に苛《さいな》まれることもあったようです。しかしルターの心には、揺《ゆ》るがぬ中心軸がはっきりと刻まれていました。聖書を通して、神への絶対の信にいつも戻ることができたルターにとって、もはや何も恐れるものはなかったのです。

このヴァルトブルク城での滞在中に、ルターは多くの説教集や論文を書きますが、とりわけ画期的だったのは、新約聖書をドイツ語に翻訳《ほんやく》したことでした。

すでに述べてきたように、イエス亡き後、千五百年の歳月を経《へ》る中で、当時の教会は「もともと」の原点からずれ、様々な矛盾《むじゅん》を内包していました。人々が唯一《ゆいいつ》、拠《よ》り所とすべきは神の霊が宿る「聖書のみ」であり、聖書によってこそ真の信仰を確立できると、ルターは考えていました。

しかしながら、当時一般の人々が聖書を手にすることはほとんどできませんでした。ドイツ語に翻訳された聖書がなかったわけではありませんが、それらは裕福な人々を対象とした高価な特製本でした。ルターが身を寄せていた修道院でも、上級の修道士だけが聖書を持っていました。しかし、その修道士たちでさえ、講義と勉強のためにラテン語訳聖書のみを読むことが許されていたという状況だったのです。

そのような時代のさ中にあって、教会に希望を見出《みいだ》せなくなっていた人々が、教会を介《かい》してではなく、ドイツ語に訳された聖書を通して、直接、神の御心《みこころ》、イエスの心に触れることができる——。長いキリスト教の歴史の中でも、それがどれほど革命的であったかは、想像に難《かた》くありません。しかも、当時グーテンベルクによって発明されたばかりの活版《かっぱん》印刷術によって、ルターが翻訳した聖書は、次々に印刷されました。人々は、教会に行って司祭から説教を聞かずとも、聖書を通して直接、神の御言葉に触れ、内なる信仰を確立することができるようになったのです。

それほど人々に影響を与えることになった聖書の翻訳には、大変な苦労が費《つい》やされました。時には一つの適切な訳語を探すのに数週間をかけ、それでもなお見つからなかったこともあったと言います。しかし、ルターは聖書を翻訳せずにはいられませんでした。翻訳という地道な作業に込められた、ルターの共に生きる人々への愛は、次のような言葉からもうかがうことができます。

「ドイツ語でどのように言うかをラテン語の文章に尋《たず》ねることは無意味であり、それは愚《おろ》か者のすることだ。われわれが尋ねなければならない相手は、家庭の母たちや道ばたで遊んでいる子どもたち、市場で出会う普通の人々なのだ。われわれはこのような人々の口の動きを見、彼らがどのように話すのかを見、それによって翻訳しなければならないのである」

ルターによって翻訳された聖書は多くの人々に読まれ、あらゆる階層《かいそう》に影響を及ぼしました。それは、このように現実の生活と結びついた生き生きした言葉が用いられたことと別ではないでしょう。

ドイツ文学を代表する詩人ゲーテ（一七四九〜一八三二）は、「十六世紀に輝き出たルターの生涯《しょうがい》と事業とは、私をして繰《く》り返し聖書へと導き、宗教的感情と思考との考察に導いてやまない」と語り、生涯の間、繰り返し自らをルターの弟子と呼びました。ドイツの古典文芸にとどまらず、近代ドイツ語の成立そのものがルターなしには考えられないのです。

神の僕《しもべ》

ルターは帝国追放刑を宣告されますが、この勅令《ちょくれい》はドイツ国民の期待を裏切るものでもあったため、ドイツ国内の様々なところでくすぶっていた不満を爆発させるきっかけとなり、ヴィッテンベルクでの宗教改革運動の勃発《ぼっぱつ》、騎士《きし》の反乱、農民戦争などが起こってゆきました。

ここではその一つ一つを詳《くわ》しく述べることはできませんが、ルターが投じた一石は間違いなく波紋《はもん》となって周囲に広がり、歴史を大きく転換させてゆきました。

ヴィッテンベルクでは、ルターの友人であったカールシュタットやメランヒトンらが、ルターと同様の福音《ふくいん》主義の立場から、司祭の生活や礼拝などの改革に着手し始めました。

しかし、同調者の中には過激で急進的な改革へ走り、かえって混乱を生じさせたり、破壊的な現実を生んでしまう人々もあり、必ずしもルターの意図したように改革が進んだわけではありません。彼自身が人々の動揺《どうよう》を鎮《しず》めたり、秩序を恢復《かいふく》するために乗り出さなければならないという事態も起こっています。

それでも少しずつ宗教改革の波は、広くヨーロッパ各地へと波及してゆきました。

ルターの生涯《しょうがい》を振り返るとき、一すじ真《ま》っすぐに貫《つらぬ》かれている強い動機が透《す》けて見えてきます。それは神の御《み》言葉、聖書への徹底した信です。様々な事件や問題が起こったときも、論争のときも、著作を著《あらわ》すときも、ルターの中にはいつも立ち還《かえ》るべき原点がはっきりしていました。自らの中心に揺《ゆ》るぎない基軸《きじく》が確立していたということです。

ルターが行った宗教改革は、ある意味では聖書を介在《かいざい》として神の御心《みこころ》、イエスの心へ人々を回《かい》帰《き》させようとする運動であったと言ってもよいでしょう。本来、神との絆《きずな》を結び合う聖なる場であった教会がその使命を果たし得なくなった時代の変革期にあって、一人ひとりが直接、神との絆を結び合うことを生涯かけて訴え続けたのです。そのことにおいて一切の妥協《だきょう》はなく、枢機卿《すうききょう》に対しても、教皇《きょうこう》に対しても、一歩も引くことはできなかったのです。

それは、ルターが他の何よりも「神の僕」として生きることを大切にしていたことを証《あか》しています。たとえローマ教会と対決しても、神の御言葉を守ろうとし続けたこと、聖書を敬愛してやまず、徹底的に研究し、また命を削《けず》るようにしてその翻訳《ほんやく》を生涯にわたって続けたこと。そうしたルターの人生はまさに、神の僕としての軌跡《きせき》を描いています。自身が『キリスト者の自由』で信仰告白したように、キリスト者として「自由な主人」であり、かつ「奉仕する僕」として生きんとした人生でした。

最後に、神への信仰と愛に生きることを求め続けたルターの心情が溢《あふ》れる彼の賛美歌《さんびか》を掲《かか》げておきます。一五二七年、厳しい試練のさなかにつくられた賛美歌ですが、ルターにとっての改革は、信ずるもの、大切にしたいものがあっての改革であったこと。死をも恐れぬ勇気も、改革への強い意志も、すべてその信仰心から生まれたものであったこと――。そのことがこの詩にも溢れていると思うのです。

神はわがやぐら　わがつよき盾《たて》
苦しめるときの近きたすけぞ
おのが力　おのが知恵をたのみとせる
陰府《よみ》の長《おさ》も　などおそるべき

いかに強くとも　いかでか頼まん
やがて朽《く》つべき　人のちからを
われと共に戦いたもう　イエス君こそ
万軍の主なる　あまつ大神《おおかみ》

あくま世にみちて　よしおどすとも
かみの真理《まこと》こそ　わがうちにあれ
陰府の長よ　ほえ猛《たけ》りて　迫り来とも
主のさばきは　汝《な》がうえにあり

暗きちからの　よし防ぐとも
主のみことばこそ　進みにすすめ
わが命も　わがたからも　とらばとりね
神のくには　なお我にあり
（日本基督教団『賛美歌』二六七より）

愛の使命——テレーズ・マルタン

テレーズは力強く言います。

「私は悟《さと》ったのです。愛は、ありとあらゆる使命を含むことを！　愛はすべてであり、愛はあらゆる時代、あらゆる場所を包み込むことを！　愛は永遠なのです。そこで、私は狂うほどの喜びに襲《おそ》われて叫びました。おお、イエス、私の愛よ。私の天職、ついにそれを見つけました。私の天職、それは愛です……」

これがテレーズが到達した信仰の核心《かくしん》です。何ものも纏《まと》わない、裸の魂が見出《みいだ》した愛の使命です。

扉：修道院でのテレーズ・マルタン

小さき道の魂

一八七三年、フランス北部の小都市アランソンに生を亨《う》けたテレーズ・マルタン（一八七三〜一八九七）は、非常に感受性の強い子どもであったために幼い頃から様々な試練を受けて育ちました。テレーズの人生を俯瞰《ふかん》したとき、その試練は、明らかに彼女が信仰と修道《しゅうどう》の生活に入ってそれを深めるための呼びかけであり、導《みちび》きであったと思えます。

十五歳のとき、テレーズは、すでに宗教的な回心《かいしん》の体験を経《へ》て、イスラエルのカルメル山頂付近に創設《そうせつ》されたカトリック教会のカルメル会の修道院に入ります。そして、規則に則《のっと》って修道生活を続け、一八九七年、二十四歳のとき、全身を結核《けっかく》に冒《おか》されて短い生涯《しょうがい》を閉じました。

カルメル会は、世俗《せぞく》との断絶のための囲壁《いへき》を持つ、最も厳格《げんかく》な修道会の一つとして知られています。外部との接触は家族の他はごく限られており、テレーズの九年にわたる修道生活も、これと言って目立ったことはありませんでした。生活を共にしていた一人の修道女は、テレーズが危《き》篤《とく》の状態に陥《おちい》ったとき、こう語ったと言います。

「テレーズはもうそんなに長くはないでしょう。亡くなったら院長様は追悼録《ついとうろく》に何を書かれるでしょうか。『テレーズはリジュのカルメル会に入会し、修道生活を送って帰天《きてん》した』。これ以上、書くことは何もないではありませんか」

その修道女が語ったことは、事実そのままであったに違いありません。テレーズの生活は、一見、他の修道女と比べて特別なものには見えませんでした。恐らく普通なら、テレーズの生涯はそのような形で幕《まく》を閉じ、彼女を知るわずかな人々の心に思い出を刻《きざ》んで、静かに記憶の底に沈《しず》んでゆくことになったはずでした。当然、国外の私たちにとっては、まったく見知らぬ存在として終わっていたに違いありません。

しかし、それから数カ月後、予想もしていなかったことが起こりました。

テレーズの病状はずっと思わしくない状態が続いていたのですが、家族の間では、テレーズがつけていた日記――『ある霊魂《れいこん》の物語』を出版しようということが話し合われたのです。世に隠《かく》れることを目的とする、この修道会において、個人の名でこうした出版がなされること自体が異《い》例《れい》のことでした。

『ある霊魂の物語』は、テレーズの自叙伝《じじょでん》として、彼女が亡くなった翌年の一八九八年にフランス国内で出版され、まず国中のカルメル会と教会関係者に送られました。そしてその一年後には重版《じゅうはん》となり、さらに次々と版を重ね、驚くべき反響を巻き起こすことになります。

一九一五年には三十五カ国語に翻訳《ほんやく》され、八十万部以上が読者に届けられたと言います。そしてテレーズ自身に関する神学上の研究書も、死後半世紀で八百種を超えると言われ、現在もなお増え続けています。彼女のこの著作はわが国においても、カトリック関係の書物の中で最も多く読まれているものの一つです。

では、テレーズがこの書物を通じて、また彼女の修道生活を通じて、私たちに伝えていることとはどのようなことなのでしょうか。これほどの反響を引き起こした理由は何なのでしょうか。

当時のフランスの教会には、禁欲《きんよく》主義的な傾向が、まだ強く残っていました。修道会において、特にその傾向は強かったことでしょう。修道者は、自らに苦行《くぎょう》を課すことによって、一切の苦しみを引き受けたイエスの心、神の御心《みこころ》に近づこうとしました。しかし、テレーズは、そうした苦行を課すことなく、自由に神の姿を見出《みいだ》していました。テレーズにとって、イエスとは何よりも憧《あこが》れの対象だったのです。

テレーズがずっと訴《うった》え続けたことは、神は、「小さき者」をいとおしみ、深く愛し、罪人《つみびと》を許す憐《あわ》れみ深い父であり、その呼びかけに応《こた》える道は幼子のような信頼と托身《たくしん》であるということでした。その鍵《かぎ》は「小さくなる」こと——。自らを小さき者とし、世に隠れることによって、かけがえのない道を歩む——。テレーズは、魂の言葉を率直《そっちょく》に語り、純粋《じゅんすい》に生きて、それをこの現世《げんせ》に残したのです。そして、彼女が残した自叙伝が示しているのは、人間の魂の霊的な道行きです。

魂の危機

テレーズ・マルタンが生まれたのは、前述したように、フランスの北部ノルマンディー地方にあるアランソンという町でした。かつてフランスという国にどのようにカトリックの精神が根づいていたのか――。そこには言葉を超えた深いものがありました。人々の人生へのまなざし、生活態度など、何気ない空気のようなものに、実はより深く、その精神は沁《し》み入っていました。アンリ四世の古城と三つの教会が佇《たたず》む、絵のような美しさを持ったこの田舎町もそうであり、テレーズは、その町で時計と宝石の店を営《いとな》む父親とレースの店を営む母親の間に末娘として生まれたのです。

テレーズは、早熟な子どもでした。三歳にならないうちにアルファベットを覚えてしまい、鋭《するど》い感性で相手の癖《くせ》や表情を素早く読み取る利発《りはつ》さを備《そな》えていた上に、無類の明るさと活発さを現していたようです。そんなテレーズが、修道会《しゅうどうかい》に惹《ひ》かれていったのは、やはり両親の影響でした。

両親は共に、若い頃修道生活を望みながらそれを果たせなかったという過去を抱《いだ》いていました。

父親のルイ・マルタンは、職業軍人を父親とする家の次男として、ボルドーに生まれました。ルイは思索《しさく》と瞑想《めいそう》と旅に親しむ青年に成長し、自然の豊かな場所で静かな祈りの時を持ちながら、神に捧《ささ》げる人生を送ることを願い、修道士になることを志すのですが、ラテン語が修得できておらず学歴が不足していたために叶《かな》いませんでした。それでもやがて自分の店を持った後も、屋根裏部屋の一室を読書と瞑想の場所として、その時間を取ることを忘れなかったと言います。果たし得なかった修道生活の夢を終生持ち続けていた人でした。

一方、母親のアゼリもまた、誠実な職業軍人の父親の許《もと》に、一男二女の次女として生まれました。アゼリは、聖心会の修道女の学校で教育を受け、豊かな教養を身につけました。若い頃から活動的で思いやり深く、強い精神の持ち主だった彼女は、病人を支えながら神に仕《つか》えたいという願いを持つようになり、それは年を追うごとに強いものになってゆきました。しかし、やはり修道会への入会は叶いませんでした。

アゼリはその後、結婚をしてたくさんの子どもを育てて神に捧げたいと願いました。そして、その時が来ることを待ちつつ、アランソンの名物だったレース編みの技術を身につけ、独立して店を構《かま》えたのです。当時、若い女性が一人でこうした事業を始めることは、ほとんど前例のないことだったと言います。アゼリは、一つの目的に向かって進む確かな意志力とともに、人に接し関わる力を身につけていたのです。

こうした神への献身《けんしん》、修道会への憧《あこが》れを共に抱いていた二人が結ばれ、九人の子どもが生まれました。その末娘として生まれたテレーズは、特にこの母親から愛情に満ちた教育を受けました。子どもは神さまからの賜《たまわ》り物であり、教育は子どもの心に神の存在を浮き彫《ぼ》りにする芸術であるという信条《しんじょう》に沿《そ》って育まれていったのです。

やがて長女マリー、次女ポリーヌ、そして後に四女セリーヌの姉たちがカルメル会の修道会に入り、三女レオニーも聖母《せいぼ》訪問会の修道女となりました。テレーズの人生も修道会に向かって収《しゅう》斂《れん》してゆきます。

しかし、その人生は、病という試練によって閉じられたように、必ずしも恵《めぐ》まれていただけのものではありませんでした。テレーズが生まれたとき、すでに母親のアゼリは胸部の癌《がん》がかなり進行しており、テレーズの人生は母親との離別《りべつ》を前提に始まるという宿命を背負っていたからです。

テレーズが四歳のときに訪れた母の死は、周囲の大人たちが考える以上の打撃《だげき》を彼女に与えました。明るく活発だった幼いテレーズはまったく変わってしまいます。突然、「ママ、ママ」と泣き叫び、周囲の人間がなだめてもどうすることもできない状態に陥《おちい》るようになりました。鋭すぎる感受性によって、また怯《おび》えと孤独によって、精神の安定を失ったかのようにふさぎ込んだり、悪寒《おかん》と頭痛と痙攣《けいれん》の発作《ほっさ》を繰《く》り返すようになったのです。

その状況に追い打ちをかけていた背景もあります。テレーズは生来、利発《りはつ》で驚くべき集中力を発揮《はっき》する子どもであり、学校に行くようになると、その力は優秀な成績となって現れたのですが、それがいじめを受ける要因《よういん》にもなってしまったのです。

その学校では、学年別のクラス分けはなく、年齢の違う生徒たちが一緒に勉強するようになっていました。テレーズは姉たちから勉強を教えられていたこともあって、最年少でありながら、不得意科目だった算数と正書法（語を綴《つづ》る正式な規則の体系）以外は、常にトップの成績でした。それが、格好《かっこう》のいじめの根拠《こんきょ》になったことは想像に難《かた》くありません。この、いじめという仕打ちが一層、テレーズの孤独と不安を強めたことは明らかでしょう。

テレーズの病は家族の深刻な悩みとなりましたが、何よりもそれは、テレーズ自身にとって大きな魂の危機であったはずです。この敏感で繊細《せんさい》な小さき魂が、この世の激しさの中で一つの道を保《たも》って歩んでゆけるかどうか――。

テレーズは、どのようにしてこの魂の危機を脱《だっ》していったのでしょうか。それにはもちろん、家族の献身的な愛が支えとなったことでしょう。優しかった母親の面影《おもかげ》を心の底で求めずにはいられないテレーズを、「小さなママ」としてかわいがってくれた姉のマリー――。

しかし、何よりも重要だったのは、テレーズの魂の歩みにおける恩寵《おんちょう》でした。

一進一退《いっしんいったい》の状態が続いた一八八三年の五月、聖霊降臨《せいれいこうりん》の祭日に起こった出来事は、姉たちから見ていて明らかに超自然的な力がはたらいていたことを感じさせたと言います。テレーズが十歳のときのことです。

この日、テレーズがいつものように「ママ、ママ」と泣き叫び、狂乱《きょうらん》状態に陥って、姉たちが何とか正気に戻そうと聖母像の前で必死で祈っていた折、テレーズが我に返りました。

「突然、聖母マリアのご像が美しく、美しくなりました。そのお顔にはえも言われぬ愛情と優しさが漂《ただよ》っておりましたが、私の魂の奥底までしみとおったのは、そのうっとりとするほど美しいほほえみでした。私のすべての苦しみは消え去り、両瞼《りょうまぶた》から大粒の涙があふれて、静かにほおをつたわりました。ああ、それは、なんのまじりけもない涙でした」

自分を自分としてとどめることができないほどの不安や暗闇の中で、テレーズは闘い続けていたのです。

そして決定的だったのは、その後、突然恩寵のようにテレーズにもたらされた回心《かいしん》の瞬間でした。

それは一八八六年のクリスマスに起こりました。家族四人が深夜のミサから帰ってきたときのことです。父親がテレーズのために用意されたプレゼントの靴《くつ》を見て思わずつぶやきました。「やれやれ、ありがたいことに、これも今年が最後だ」。いつもクリスマスになると、靴の中の贈り物をテレーズが喜んで取り出すのを楽しみにしていた父親でしたが、娘が十四歳にもなってしまったことを思い、もうそれも卒業と思ったのでした。

それは、毎年この日を楽しみにしていたテレーズをがっかりさせる一言でしたが、しかし、その父親の声を聞いたテレーズは、なぜか突如《とつじょ》として自分がまったく変わってしまったことを感じたのです。見る見るうちに涙が溢《あふ》れ、テレーズの苦悩は、雲が突然晴れわたるようにまったく消えてゆきました。何がどうなってという説明は簡単にはできないことでした。父親の言葉に愛情を感じたというだけではないでしょう。苦しみに耐えた十年間、その日々の一瞬一瞬にも自分は生かされていた——。そこに注《そそ》がれていた神の愛を実感してしまったのではなかったでしょうか。宇宙の中で独《ひと》り切り離された孤児であり続けた長い日々。その日々の中で苦しみながらも神を求め続けたテレーズの内側に少しずつ高まっていたものが、そのとき溢れたのです。テレーズはこう告白しています。

「私が十年かかってできなかったことを、イエス様は一瞬のうちに成し遂《と》げてくださいました」恩寵が彼女の上に注がれたとしか言いようのない出来事でした。彼女の魂は深く癒《いや》され、神との絆《きずな》を顕《あら》わにしました。

それからのテレーズは、十年の間見せることのなかった快活《かいかつ》さを取り戻しました。何ものにも動じない意志の力、自我を砕《くだ》く内省《ないせい》の力、単純で無邪気《むじゃき》な輝《かがや》き――。そのすべてが、辛苦《しんく》と重荷《おもに》ゆえに、一層の心の力として結晶したのです。私たちと大いなる存在とを深奥《しんおう》で結んでいる絆――その絆の次元に触れた魂に蘇《よみがえ》る光がいかなるものなのか、それが示された一つの事件となりました。

修道《しゅうどう》生活――小さき道の発見

十五歳になったテレーズは、すでに修道生活を始めていた姉のポリーヌの話を聞いて、ますます信仰に生きる想いを強め、その年にカルメル会に入会します。ポリーヌは、入会したテレーズの特質は「謙遜《けんそん》と些細《ささい》な事柄にまでおよぶ忠実さ」であると言っていました。

修道生活の朝の起床は早く、冬は暖房のない寒気に耐えねばなりません。沈黙《ちんもく》の規則は徹底され、祈りと黙想《もくそう》のリズムも厳格《げんかく》でした。食事は日に二回の質素なものでしたが、労働は十分なものでした。それらを終えての就寝《しゅうしん》は遅く、短い睡眠の後また翌朝が訪れる……。

カルメル会が極めて厳格な規則によって運営されていたことはよく知られていましたが、微細《びさい》にわたった規則をそのまま忠実に守ろうとしたことでテレーズは特別でした。何事にも中途半端《ちゅうとはんぱ》になることを絶対に許さない意志の力を、テレーズは、すでに幼い苦難《くなん》の日々に獲得《かくとく》していたのでしょう。

テレーズは最初、自分が小さくなることを考えました。他人からは見えなくなってイエスだけにはずっと見ていただきたいと思っていたのです。長姉のマリーに宛《あ》てた手紙の中で次のような言葉を認《したた》めています。

「お姉様の小さい娘が、誰《だれ》の目にも見えないで、イエス様にだけ見ていただける小さい砂粒《すなつぶ》であるように、お祈りくださいませ。そして、この砂粒がますます自分を小さくし、ついに無に帰してしまいますように」

しかし、努力すればきっとそのようにできると信じていたテレーズの想いは、修道生活を通じて砕《くだ》かれてゆきます。一八九二年のセリーヌへの手紙の中でテレーズはこう語っています。

「何ということでしょう。イエス様は、『降りなさい』とおっしゃるのです。……私たちが降りなければならないところは、ここ、つまり『私たち自身、頭を休めるところもないほど貧しいものになること』です。……これが『内的に』という意味であることは、お姉様にもおわかりでしょう？……イエス様は、私たちが主を心のなかにお迎えすることをお望みです。もちろん、私たちの心には、もう被造物《ひぞうぶつ》は入っていません。でも、悲しいことに、私には自分の心が、まだ自分というものから抜けきっていないことが感じられます！　だからこそ、イエス様は『降りなさい』とおっしゃるのです」

そして翌九三年には、さらにテレーズの想いは深まってゆきます。テレーズは、求めるべき完《かん》徳《とく》とは、主の思《おぼ》し召《め》しを果たすことにあると言っています。

「あなたのテレーズは、今のところペチャンコです。でも、イエス様が、『自分のなかにある善悪いずれからも、利益を引き出す方法』を教えてくださいます。主は愛の賭《か》け方を、私に教えてくださいます。と言うよりむしろ、賭け方など教えにならないで、主ご自身が私に代わって勝負してくださっている、と言ったほうがよいかもしれません。なぜなら、これは主の問題で、テレーズの問題ではないからです。テレーズにとって問題なのは、自分をお任せすること、……すっかり自分をお渡ししてしまうことです」

「霊的指導者たちは、多くの徳行《とくぎょう》を行わせて、完徳《かんとく》に進ませようとしています。もちろん、彼らにも理屈《りくつ》があります。けれども、私の指導者でいらっしゃるイエス様は私に、自分の善行を数えるようにはお教えにならず、すべてを愛によって行うこと、主に何一つお断りしないこと、愛の証《あかし》を立てる機会をくださるなら、それを喜ばなければならないことを教えてくださるのです」

テレーズは、自分の努力、意志的な歩みから、まったくの「托身《たくしん》」へと向かっています。あらゆる努力を重ね、苦しみを引き受け、自力の限りを尽くして聖性《せいせい》を獲得しようする意欲は消え失せ、何も持たず何もできない両手を差し伸べて、天から与えられる賜《たまわ》り物を心からの感謝をもって受け取る、そうした態度へと一変《いっぺん》していったのです。

そしてテレーズは、ある一つの確信を深めていました。神は人間が背負い切れない重荷をお与えになることはない、神の愛と憐《あわ》れみに決して限りはないという確信です。そしてだからこそ、神は小さき者、弱き者をご自身の愛で満たすために自ら降りてこられる——。人間の無力さ、未熟さこそ、神がその御業《みわざ》を完成する介在《かいざい》であるとテレーズは考えたのです。

天職、それは愛

神の御心《みこころ》にお応《こた》えするための「小さき道」を見出《みいだ》したテレーズは、結核《けっかく》という病を抱《かか》えながら、信仰生活をさらに純化《じゅんか》し、「愛の殉教《じゅんきょう》」というテーマに近づいてゆきます。愛を人々の心に注《そそ》ぎたいと望んでいるのに、人々の心は神の中に飛び込んで無限の愛を得る代わりに、被造物《ひぞうぶつ》のほうに向き、幸福とみじめな愛情を求めているとテレーズは嘆《なげ》きます。そして自らは神への托身《たくしん》を言い切るのです。

「もし、あなたが、愛に焼き尽《つ》くされるいけにえとして自分を捧《ささ》げる魂を見出《みいだ》されるなら、すみやかにその魂を焼き尽くしてしまわれると、私には思われるのです。そして、無限の慈《いつく》しみの潮《うしお》を、もう押さえずにすむのではないでしょうか」

「おお、私のイエス様、私こそ、この幸いないけにえでありますように、どうぞ、神であるあなたの愛の火で、あなたのいけにえを焼き尽くしてくださいませ」

神が先に愛して下さった――。この事実、この無償《むしょう》の愛にお応えするには、神に愛されるままに自らを明け渡し、委《ゆだ》ね切る以外にない――。神は貧しく小さいものをいとおしまれ、一切を与えて尽くして下さる。それにお応えすることは、その神の愛に対し、自らをあますところなく捧げることだ。テレーズは自らを奉献《ほうけん》するようにとの内的な促《うなが》しを次第《しだい》に強く感じてゆきます。

一八九六年の六月九日、三位《さんみ》一体《いったい》の神秘を祝う日、ミサの後、テレーズは「奉献の祈り」を書いています。それから三日後、セリーヌと一緒に神の憐《あわ》れみの愛に対して自己奉献を行います。

ここでテレーズは、愛の火による完全な燃焼を心に祈ります。神が自分を愛で焼き尽くし、神のうちに湛《たた》えられた限りない慈《いつく》しみを自分の魂に蓄《たくわ》え高め、ついには愛の殉教者となることを念じたのです。

ジャンヌ・ダルク（一四一二～三一）の年とされた九四年に、テレーズ自ら脚本を書き下ろし、主演もした劇の中で、炎に包まれてゆくジャンヌの最期《さいご》の叫びは、まさにこの愛の殉教者としての自己奉献の姿そのものでした。

「主よ、あなたの愛のために、私は殉教を引き受けます。死の火も恐れません。イエスよ、あなたのみを喘《あえ》ぎ求めます。私が熱望するのは、あなたを仰《あお》ぎ見ること。あなたの愛のゆえに死ぬ、それ以外には何も望みません。死にたい！　生き始めるために！　死にたい！　イエス、あなたと一つになるために！」

愛に死に、自我に死んで、神と一つになって新たに生き始める――。ジャンヌに託《たく》された、烈《はげ》しく、また厳《きび》しい言葉です。しかし、それが、テレーズの心からの願いとなったのです。

テレーズの内的な告白の道には、アビラの聖テレジア（一五一五～八二）と、十字架のヨハネ（一五四二～九一）の影響が指摘されています。テレーズ自身、特に十代にいかに魂の渇望《かつぼう》と不安が彼らの言葉によって潤《うるお》されたかを語っています。キリスト教における霊的な指導書として、この二人の著書は一つの極北《きょくほく》を示します。

しかし、その影響の許《もと》にありながら、テレーズは独自の領域を切り開きました。一八九六年に書かれた「奉献の祈り」はその証であり、独自の霊性を示すものと受けとめられてきたものです。そして、テレーズ自身、この祈りを捧げて以来、様々な迷い、恐れから解放され、自らの魂の中心に一すじに向かってゆくのです。

テレーズは、修道生活において真に大切なものは何かということを追究し続けました。例えば教会においては、修道生活自体が殉教に代わるものとされていましたが、その中でテレーズは、本当に大切なのは戒律《かいりつ》そのものではなく、戒律を愚直《ぐちょく》に、誠実に守ろうとする姿勢——愛であると思い至りました。

そしてそれは、他のことにおいても共通だと確信したのです。何かをなそうとするときも、それが困難か容易かが大切なのではない。それ自体が重大であるかないかということも価値を決めるものではない。唯一《ゆいいつ》の価値は、どれほどの愛を込めてなしたかによってのみ、計《はか》られる——。テレーズは、この愛の価値について、後輩の修道女たちに繰《く》り返し教え続けたと言います。

それゆえにテレーズは、神の愛をあらゆる人々の心に息づかせるにはどうしたらよいのかを求め続けました。彼女はもはや、カルメル会の修道女としての使命を全《まっと》うするだけではすまなくなっていました。福音《ふくいん》を告げるために全世界を駆《か》け巡《めぐ》りたい、世の終わりまで伝道師《でんどうし》でありたい、司祭となってミサを捧げ、人々にイエスをもたらしたい、イエスの名のために拷問《ごうもん》を受け、自らの一切の血を流してもいい……。このように彼女の希望と願いは膨《ふく》らみました。彼女自身が「無限の望み」と呼んでいた希望は、どこまでも広がり、世界そのものを包み込むような大きさを持ってゆきました。

こうしたテレーズの願いは、決して独りよがりのものではありませんでした。テレーズはその根拠を聖書の中に見出《みいだ》していました。

「神は、教会の中にいろいろな人をお立てになりました。第一に使徒、第二に預言者、第三に教師、次に奇跡を行う者、その次に病気をいやす賜物《たまもの》を持つ者……。皆が使徒であろうか。皆が預言者であろうか。皆が教師であろうか。……そこで、わたしはあなたがたに最高の道を教えます。たとえ、人々の異言《いげん》、天使たちの異言を語ろうとも、愛がなければ、わたしは騒《さわ》がしいどら、やかましいシンバル。たとえ、預言する賜物を持ち、あらゆる神秘とあらゆる知識に通じていようとも、たとえ、山を動かすほどの完全な信仰を持っていようとも、愛がなければ、無に等しい。全財産を貧しい人々のために使い尽くそうとも、誇《ほこ》ろうとしてわが身を死に引き渡そうとも、愛がなければ、わたしに何の益《えき》もない」(『コリントの信徒への手紙一』12・28〜13・3)

この言葉を見出した後、テレーズは力強く言います。

「私は悟《さと》ったのです。愛は、ありとあらゆる使命を含むことを! 愛はすべてであり、愛はあらゆる時代、あらゆる場所を包み込むことを! 愛は永遠なのです。

そこで、私は狂うほどの喜びに襲《おそ》われて叫びました。おお、イエス、私の愛よ。私の天職、ついにそれを見つけました。私の天職、それは愛です……」

これがテレーズが到達した信仰の核心《かくしん》です。何ものも纏《まと》わない、裸の魂が見出した愛の使命です。

暗夜《あんや》を越えて

しかし、それでも物語は完成されませんでした。愛の使命を見出《みいだ》し、イエスの訪れの近いこと

テレーズ・マルタン（1873～1897）

を感じながら、その一方でテレーズは、これまで経験したことのない暗闇《くらやみ》に直面します。

信仰の暗夜――。それは、神と一つになって生きることを決意した魂が霊性の深みにあずかる過程で辿《たど》らなければならない試練の時です。一条《いちじょう》の光も見えない暗夜が続く日々――。神との距離をわずかでも抱《かか》えているなら、それが無限の深淵《しんえん》になってしまうような試練であり、本当の一致に導《みちび》かれる恵《めぐ》みの時とされています。あれほど喜びと慰《なぐさ》めに溢《あふ》れたイエスへの想いも、あれほど甘美《かんび》だった天国の想いも、闇に取り囲まれてしまったとテレーズは感じました。

魂は言葉にできない苦悩に覆《おお》われてしまったとテレーズは記《しる》しています。「わたしは信仰の幕《まく》がいまにも裂《さ》けそうになっている慰《なぐさ》めに満たされた者のように見えることでしょう。ところが、それは幕どころでなく、天にまでそそり立つ壁、星空を覆い尽くす壁なのです」

この時期に彼女が十字架のヨハネの言葉に基《もと》づいてつくったとされる聖歌の一節は、かつてない苦悩を抱《いだ》きながら、テレーズの信仰の歩みは深みへの道を辿《たど》っていたことを物語っています。

何の支えもなく　何の明かりもなく
暗闇を横切りながら　愛に燃え尽くされてゆきます
私の信仰を深めるために　神は隠れようとしておられます
でも私の天国は礼拝するこの神殿に微笑《ほほえ》むことです

五月に彼女は一つの夢を見ます。それは聖テレジアと共にはたらき、ベルギーとフランスにカルメル会を開いたイエスのアンナ（一五四五〜一六二一）という修道女が、テレーズに微笑みかけたのです。テレーズは思わず尋《たず》ねます。

「お願いですから、おっしゃってくださいませ。神様は、私を長いあいだ地上にお残しになるでしょうか。それとも、もうすぐ呼びにいらっしゃるでしょうか」

「もうすぐ……もうすぐです。それを約束します」

テレーズは言葉を続けます。

「神様は私にご満足でいらっしゃいますか」

「神様はあなたに、今以上のことは何もお求めになりません。ご満足です。たいそうご満足でおられます」

このイエスのアンナの言葉は、テレーズの心を希望で満たしました。そしてその夢の通り、帰《き》天《てん》の時は間もなく訪れることになったのです。

病状は悪化し、テレーズはますます自らを無に近づけながら、最期《さいご》の時を引き寄せてゆきました。たびたび、呼吸困難に陥《おちい》って危機的な状態を繰《く》り返す現実は、周囲の者たちに多くの心痛《しんつう》を与えました。しかしテレーズは、自らに課せられた死への苦難を、イエスが背負った受難《じゅなん》と重ねて受けとめていたのです。

そして、一八九七年九月三十日。世の苦しみの一切を身に引き受けられたイエスの受難を共に背負うように、テレーズは、永遠の扉《とびら》を開いたのです。

一九八〇年、リジュを訪問した教皇ヨハネ・パウロ二世は、十万人に及ぶ巡礼者に向かってこのように語ったと言われています。

「聖霊がリジュのテレーズをとおして根本的な神秘、福音の根本的な現実を現代の人々に知らせてくださいました。『小さき道』は『幼子の聖なる道』であります。その中で、もっとも根本的で世界的な真理が再認識されました。すなわち、『神は私たちの父であられ、私たちはその子らである』ということです」

その「小さき道」を生きる唯一《ゆいいつ》の秘訣《ひけつ》、唯一のいのちが愛であることを身を賭《と》して証《あか》したテレーズの魂――。その魂から示された、引き受けるべきバトンは、自らを空《むな》しくすること。誠実に道に托身《たくしん》すること。そして、自らを純化し、愛を基《もとい》として一切を生きること――。小さき道の魂は、いつでも天に向けた単純なまなざしを貫《つらぬ》いて、心をほとばしらせる生き方を、その道の秘訣《ひけつ》として教えているのです。

一粒の麦——新渡戸稲造

新渡戸稲造《にとべいなぞう》の人生を想うとき、聖書の一節が蘇《よみがえ》ってきます。

――一粒の麦は、地に落ちて死ななければ、一粒のままである。だが死ねば多くの実を結ぶ――。

……捨て身で試練を自らに引き寄せていった彼の生き様は、多くの人々に希望の光を投げかけ、その志は間違いなく未来へと引き継《つ》がれてゆきました。

扉:晩年の新渡戸稲造

転換《てんかん》の時代を生きる

今、私たちが身を置いている大きな転換の時代。過去からの流れをどのように引き継ぎ、どのように超えてゆくべきか――。それは、この時代を共に生きる私たちに例外なく投げかけられている切実《せつじつ》な課題にほかなりません。

振り返ってみれば、これまでも人類は幾多《いくた》の転換の時を迎《むか》えてきました。例えば、一四〇年ほど前にわが国で起こった明治維新《いしん》もその一つです。約二六〇年間続いた鎖国《さこく》の時代が終わりを告げ、いわゆる文明開化《ぶんめいかいか》の時を迎えた日本が近代化してゆく歩み――。それは、世界史の中でも他に例を見ない稀有《けう》な転換の時でした。

長い間続いた封建《ほうけん》制度が崩《くず》れ、日本が近代化を遂《と》げてゆくのは本当に大変なことでした。政治、経済、教育、思想、科学等のあらゆる分野で文化的にも技術的にも新しい始まりを迎え、新しい産業が興《おこ》り、社会の仕組みもみるみる変貌《へんぼう》してゆきました。国家の根本的な規範《きはん》となる憲法《けんぽう》すら新しく制定されたわけですから、それがどれほどの大きな変化であったかは想像に難《かた》くありません。

そして、私たちが着目《ちゃくもく》しなければならないことは、そうしたすべての変革《へんかく》の鍵《かぎ》を握《にぎ》っていたのは紛《まぎ》れもなく私たち「人間」であったということです。その時代を生きた一人ひとりによって、時代は転換を遂げ、新しい次元へと移行《いこう》していった――。一人ひとりの精神世界が現象《げんしょう》世界に映し出され、形をなし、具現《ぐげん》していったということです。

新渡戸稲造《にとべいなぞう》（一八六二〜一九三三）もまた、その明治という大きな転換期に、時代に呼び出され、時代に応《こた》えた一人でした。

新渡戸稲造と聞いても、五千円札の肖像《しょうぞう》になった人物としか知らない方が少なくはないかもしれません。生前も、日本よりむしろ外国で知られていました。それは、彼が著《あらわ》した『武士道《ぶしどう》――日本人の魂』という英文の書物が大きな反響を呼んだためでした。二六〇年余り続いた鎖国の影響で日本がまだ国際的にはほとんど知られていなかった明治時代に、日本の精神とは何かを広く世界に伝える重要な介在《かいざい》となったのです。

ここで言う武士道とは、日本人の底流《ていりゅう》に流れる精神、いわば大和魂《やまとだましい》とでも言うべき精神のことです。博学多識《はくがくたしき》を駆使《くし》して欧米《おうべい》の古典や思想を引用《いんよう》しつつ、日本人の精神の源流《げんりゅう》を辿《たど》り、その考え方や習慣などを分かりやすく解き明かしたこの書は、広く外国人に読まれました。刊行されるや、アメリカ、イギリスなどの英語圏《けん》で版を重ねたばかりでなく、マラーティ語（インド中・西部の言葉）、ドイツ語、イタリア語、ポーランド語、ノルウェー語、フランス語、スペイン語などにも翻訳されました。

アメリカのセオドア・ルーズヴェルト大統領（一八五八〜一九一九）も、「これまで、この本ほど日本人の心を明らかにした本はなかった。これこそが現代日本の説明なのだ」と絶賛《ぜっさん》し、自ら人々に勧《すす》めたという話は有名です。その直後に日露《にちろ》戦争が起こるのですが、収拾《しゅうしゅう》に向けてアメリカが好意的に動いてくれた背景の一つには、この『武士道』があったのです。また、すでに世界の至るところに存在していた読者たちの親日《しんにち》感情が、隠《かく》れた力となってはたらいていたとも言われています。

このように新渡戸稲造は、国際平和の実現を願い、東西文明という異文化《いぶんか》の間に橋を架《か》けることに尽《つ》くした人物です。そればかりではありません。法学《ほうがく》博士であり、日本初の農学《のうがく》博士であり、英文学者、思想家でもありました。そして、何よりも、優《すぐ》れた教育者でした。貧しくて教育を受けられない人々のための夜間《やかん》学校を日本で初めて設立《せつりつ》したり、まだ男尊女卑《だんそんじょひ》の風潮《ふうちょう》のあった頃に女子教育の土台をつくるなど、教育に新しい流れを生み出したのです。彼が関係した官立《かんりつ》、私立の学校、学園は、枚挙《まいきょ》に暇《いとま》がありません。新しい日本を築《きず》いてゆく礎石《そせき》としての青年たちの育成に努めた方でもあったのです。

遥《はる》かな悲願《ひがん》のもとに

新渡戸稲造《にとべいなぞう》は、明治維新前夜の南部藩《なんぶはん》(現在の盛岡市)に藩士《はんし》の子として生を享《う》けました。彼が新しい時代の礎《いしずえ》として生きた背景の一つには、先祖から流れてきた「血」とその悲願がありました。

稲造の祖父新渡戸傳《つとう》は、人も住めないような荒蕪《こうぶ》の地であった十和田湖《とわだこ》に近い三本木原《さんぼんぎはら》の原野《げんや》を、実り豊かな土地へと開拓《かいたく》した人でした。さらにその父維民《これたみ》（稲造にとっては曾祖父《そうそふ》）は南部藩随一《はんずいいち》の儒学者《じゅがくしゃ》であり、兵法家《へいほうか》でしたが、花巻城の防御《ぼうぎょ》に関して藩主の意に反したために家禄《かろく》を減じられ、追放《ついほう》の身となります。そのため一家は困窮《こんきゅう》し、その間に嘗《な》めた辛苦《しんく》は大変なものがありました。長男であった傳も父親に劣らぬほどの儒学者でしたが、商人となって一家を養《やしな》うことになります。三本木原は傳が材木商売のために往復する道中にあり、彼はこの広大な原野が放置されているのは大変な国家的損失《そんしつ》であると思い、その開拓を願うようになります。

やがて、維民に対する藩主の誤解も解けて、一家は花巻城に帰りました。傳は材木商としての経済的手腕《しゅわん》を買われて、二十一カ村にわたる開拓を手がけることになります。そして、二度と行くところではないと民謡《みんよう》にまで歌われた三本木原は、その開拓事業によって清流《せいりゅう》の流れ入る豊かな土地となり、人々が移り住んで新しい村落が形成されていったのです。

傳は生来聡明《そうめい》で、大きな目的のためには積極的に不撓不屈《ふとうふくつ》の精神を貫《つらぬ》く意志の人でした。その精神は長男の十次郎へ、そしてその子である稲造へと引き継がれてゆきました。

稲造の父十次郎は、文武両道《ぶんぶりょうどう》に優《すぐ》れた人でした。藩からの信任《しんにん》も厚く、藩財政と司法を司《つかさど》る勘《かん》定奉行《じょうぶぎょう》に取り立てられ、父傳と共に三本木新田の開拓に精魂《せいこん》を傾《かたむ》けました。しかし、藩の財政の困窮《こんきゅう》を救おうとして立てた計画が当局の怒りに触れ、自宅に閉門蟄居《へいもんちっきょ》させられます。間もなくその誤解は解けるのですが、病にかかり、四十七歳の若さでこの世を去らなければなりませんでした。

「大きな目的のために生きる」「新しい可能性を開拓する」――。三代にわたるこの遥《はる》かな悲願の流れのもとに、稲造は生を享けるのです。彼の名前自体、そのことを象徴しています。稲造の幼名は稲之助《いなのすけ》と言いましたが、それは原野だった三本木で初めて稲が実ったことにちなんで付けられた名前なのです。

移りゆく時代の中で

父親の十次郎が亡くなったのは稲造《いなぞう》が満五歳のとき、江戸時代が幕《まく》を閉じるのと同時でした。幼時に明治維新を体験した稲造は、幼《おさな》いながらも、時代が大きく変わってゆくのを肌身《はだみ》で感じていました。それは抽象的で曖昧《あいまい》な変化ではなく、具体的で実感的な変化でした。

一例を挙げれば、明治四年（一八七一）に男子の結髪《けっぱつ》・長髪の廃止《はいし》及び脱刀《だっとう》の自由が認められた散髪脱刀令《さんぱつだっとうれい》が出され、いわゆる進歩的な人は刀《かたな》を捨ててしまい、さらに明治九年（一八七六）の廃刀令《はいとうれい》によって帯刀《たいとう》そのものが禁止されてしまったのです。稲造自身も、今まで身につけていた刀を外《はず》したとき、大きな衝撃《しょうげき》を受けています。それまで刀を差して武士の誇《ほこ》りと責任を感じていたのに、突然外され、「しばらくは高い台座から引き下ろされた感じがした。どんなことでも前ほどの良心の呵責《かしゃく》なしにできると思った。道徳観念が危うく麻痺《まひ》状態に陥《おちい》りかけた」というのです。恐らくこの感慨《かんがい》は、彼一人のものではなかったでしょう。卑怯《ひきょう》な行いは刀の恥《はじ》であり、すべて刀に誓《ちか》うことを教えられてきた武士の子たちが一様に感じた「新時代の到来」だったと思うのです。

新渡戸《にとべ》家のかかりつけの医者は大変進歩的な人で、稲造は兄と共に英語を教えられることになります。英語は、四書五経《ししょごきょう》を主とする漢文《かんぶん》の勉強よりも魅力的で、未知の世界が広がってゆくような喜びを稲造に与えました。そして、英語を学ぶにつれ、稲造は次第《しだい》に東京へ行きたいという気持ちが募《つの》り、再三再四、上京させてくれるよう母親のせきにせがみました。

好奇心が強く、人一倍活発な稲造を、せきは女手一つで育てるのは容易でないと悟《さと》り、当時東京で洋服店を営《いとな》んでいた叔父の太田時敏《ときとし》（父十次郎の弟で太田家の養子となっていた）にその教育を委《ゆだ》ねることにしました。こうして稲造は明治四年（一八七一）、満九歳の折、兄の道郎《みちお》と共に上京し、その養子となります。

稲造が上京した当時、京都から東京への遷都《せんと》直後で、国内は混乱を極《きわ》めていました。明治四、五年頃は「西洋に学べ、西洋に遅れを取るな」という叫《さけ》びが日本全土を駆《か》け巡《めぐ》り、野火《のび》のように広がっていた時期でした。英語が流行し、板垣退助《いたがきたいすけ》が国会開設の趣意書《しゅいしょ》を書くのさえ英語でした。そうした時代情勢の中で稲造の勉学が始まったのです。

その頃、稲造の心に生涯刻《しょうがいきざ》まれることになる一つの事件が起きます。稲造の兄は病気がちであったために家で養生《ようじょう》をしていたのですが、そのことが稲造は常に気がかりでならず、胸を痛めていました。あるとき、銀座の洋品店で棚《たな》ざらえがあり、普段の十分の一ぐらいの値段で品物を売っていました。二十銭という値札のついた革《かわ》の手袋が目に留まり、稲造は、寒がりの病気の兄にこれを買ってやろうと考えました。そして早速、小遣《こづか》いをはたいてその手袋を手に入れ、好きな煎餅《せんべい》も団子《だんご》も食べず、大いに兄孝行したつもりで、一週間後、塾の寄宿舎から帰宅し、いよいよ兄のところに手袋を持ってゆきました。兄も大変喜んでくれ、稲造もよいことをしたという気分で一日を楽しく過ごし、塾に帰りました。

ところが、一週間後に再び帰宅したその夜、眠っていると、養父（叔父）がやってきて、引きずられるようにして次の間に連れて行かれたかと思うと、いきなり頭に拳固《げんこ》が降ってきたのです。稲造は何が起こったのか分かりませんでした。すると養父は泣きながら声を震《ふる》わせて「何という心得違《こころえ》いをするのだ。ほかのことならともかく、他人の物に手をかけるということがあるか。もし国の母さんが聞いたら申し訳が立たない」と言ったのです。隣りにいた養母（叔母）も、「舶《はく》来《らい》の手袋がお前に買えるわけがない。最近家のお金がなくなったが、それはお前が持ち出したに違いない」と言うのです。

稲造は愕然《がくぜん》とするとともに、悔《くや》しくて悲しくてなりませんでした。よほどその銀座の店に連れていって身の証《あかし》を立てようかと思うのですが、それはやめました。

「たとえ自分が潔白《けっぱく》であっても、嫌疑《けんぎ》をかけられるのは自分に弱点《じゃくてん》があるからだ。このような場合は弁解《べんかい》ではなく、生活によって表明するほかはない」と思い、一切の弁解をしなかったのです。非難を受けるとするなら、そうさせている自分がある。だから、まず自らの内を見つめ、自らを変えてゆくこと。結局は、現実の生き方をもって示すしかない――。いわば、実行主義とも言うべき彼の生き方を心に誓った出来事でした。そして、こうした態度は生涯貫《つらぬ》かれることになりました。

後年、彼は古歌《こか》の中に次の歌を見出《みいだ》したとき、それを座右《ざゆう》の銘《めい》として刻んでいます。

見る人の心ごころにまかせおきて
　高根にすめる秋の夜の月

やがて、養父の時敏は多額の借財《しゃくざい》を背負って、店を畳《たた》まなければならなくなります。家も狭《せま》い長屋住まいとなり、貧しい生活を余儀《よぎ》なくされました。それでも、養父は愚痴《ぐち》一つこぼすことなく稲造を東京外国語学校に入学させてくれたのです。ここで、稲造はアメリカ人の教師によって文学への興味を喚起《かんき》され、生涯の信仰となるキリスト教に少しずつ関心を抱《いだ》き始めるのです。

『幼き日の思い出』には、当時の心情が次のように回想されています。

「私の魂にはしばしば何とも言われぬ索漠《さくばく》たる孤独感が襲《おそ》うのである。内にも外にも空虚《くうきょ》な感じで、救いを得られそうな物なら藁《わら》をも掴《つか》みたい心境にあった。教会堂の中に入ったこともなく、宣教師《せんきょうし》の話をきくこともないが、福音書《ふくいんしょ》の話が私の心の中に起こしたあの神秘的な感じが、キリスト教への導入こそ日本国民を善良にし、かつ世界の国の間で日本を偉大な勢力にするために、必要欠くべからざるものであるという素朴《そぼく》な考え方に私をさせた主な理由である」

稲造は外向的で活発であると同時に、内省的な面も併《あわ》せ持っていました。内に生じている空虚感や孤独感に向き合うことにより、その霊的な痛みの中から自らが求めているものを探し出していったのです。

求道《ぐどう》——一すじの光を求めて

稲造《いなぞう》はこうした中で次第《しだい》に、自分が勉強をするのは家名や個人の名誉のためよりももっと高い目的のためであり、教育は国家のためでなければならないと思うようになりました。また、祖先たちの開拓事業に目が向き、自分もまたその悲願を継《つ》いで国家のために寄与《きよ》しなければならないと思い立ったのもこの頃です。

ちょうどその折、現在の北海道大学農学部の前身に当たる札幌農学校が設立され、官費生《かんぴせい》の募集が行われたのです。農学校の目的は、将来政府で行政機関に働く青年を育て、内地から移住した人々のために土地を開拓し、新しい社会をつくることにありました。

稲造は、家の経済的な困窮《こんきゅう》を助けるという意味からも、また自分が取り組もうとしている開拓の知識が得られるという点からも、願ってもない機会と考え、早速願書《がんしょ》を出して入学試験に合格します。

この進路の選択は、様々な意味で稲造の人生にとって決定的なものとなりました。ここで、生涯《しょうがい》の親友、内村鑑三《うちむらかんぞう》（一八六一〜一九三〇、二二五頁参照）、宮部金吾《みやべきんご》（一八六〇〜一九五一）らとの親しい交《まじ》わりが始まり、キリスト教への深い信仰へと導《みちび》かれることになるからです。

稲造ら第二期生が入学したとき、クラーク博士（一八二六〜八六）はすでに去った後でしたが、校風や制度、カリキュラムといった学校の土台はすべて博士によってつくられたものでした。農学校では、毎朝、祈禱《きとう》から始まり、聖書に基づいて人格の教育を何よりも大切にする全人教育が行われていたのです。博士は、すべての校則を廃《はい》して、ただ「紳士《しんし》たれ」という一条のみとするなど、その教育方針は斬新《ざんしん》なものでした。

学校は、クラーク博士の直接的感化を受けた第一期生たちがつくり出す熱心なキリスト教の雰囲気に満ちていたと言います。すでにキリスト教に惹《ひ》かれていた稲造は、入学後一カ月で博士が残した「イエスを信ずる者の契約」に級友たちに先立って署名《しょめい》をしています。養父にもキリスト教に基づいた生活をすることの覚悟《かくご》を認《したた》め、さらに、家族や叔父たちにも熱心にキリスト教を勧《すす》める手紙を送っているほどです。

稲造の信仰に対する態度は、実行を重視するものでした。受洗《じゅせん》した彼は、他の七名の仲間と共に、日曜日ごとに特別集会を開き、ときには夜の祈禱会を持ち、同時に第一期生の信徒たちと聖書の研究会を開いて信仰を深め合う時をつくりました。こうした集会を三年間続けたのです。

寄宿舎の一室で開かれる学生たちだけの素朴《そぼく》なこの集会は、稲造にとって楽しく、かつ大切な精神的支柱となった場であり、それは、生涯折に触れて最も懐《なつ》かしく思い出されたかけがえのない一時《ひととき》でした。

その頃、稲造には、生涯続くことになる祈りの習慣が生まれています。絶えず神に語りかけ、心に安らぎを得る機会に恵《めぐ》まれるようになりました。

そんな稲造にある日、「霊的な体験」が訪れます。それは、信仰の道のりにおいて、生涯忘れ得ぬ重要な体験でした。明治十二年（一八七九）の八月の日記にはこう記されています。

「怒る事ナク平和ニ交リ、聖書ニ親シミ、父ノ光を見タリ」――

かねてより稲造は、自分が怒りやすい性格であることを最も克服《こくふく》すべき弱点と感じていました。その怒りを超え、神秘的な光を見るという体験を得たのです。父とは天なる父、神のこと。日記では、さらにその父なる神から与えられた才能を生かして、日々の日課に励《はげ》むことを決意しています。以来、彼は怒ることも少なくなり、ますます神を求めるようになりました。

しかし、その求道の道のりは決して平坦《へいたん》なものではなかったのです。信仰の悩みは深く、神を求めれば求めるほど、自らの弱さを自覚せずにはいられませんでした。書物を読むことによって知識を得ることができても実行が伴《ともな》わない。どうしたらイエスの精神をそのまま生きることができるのだろうか――。

実行を重んじた稲造は、直接「父ノ光」に触《ふ》れたときのような強い力が再び自らの内に生まれること、神の存在に触れることを願ったのです。しかし、説教を聞いても、書物を読んでも、充《み》たされない日々が続き、心の空洞は癒《いや》されませんでした。一種不安な落ち着かない状態の中で、眼の神経痛を患《わずら》い、勉強することも叶《かな》わなくなり、成績も低迷《ていめい》してしまいます。稲造にとって信仰の問題は最大の関心事となりました。それをごまかしたり、妥協《だきょう》したりすることはできない純粋さが彼にはあったのです。

その彼に一すじの光明を投げかけたのが、イギリスの思想家・歴史家トーマス・カーライル（一七九五～一八八一）の言葉でした。最初の出会いは、農学校の寄宿舎で何気なく『インディペンデント』というアメリカの古い週刊誌を見ていたときでした。「神の存在論や霊魂の不滅論《ふめつろん》は、今後二十年、否《いな》二千年研究しても、とうてい解決し能《あた》うものでなく、これらは、ただ信じてはじめて解ける問題である」といった内容に眼が止まったのです。信仰において自分と同じような呻吟《しんぎん》を抱《いだ》く人が世の中にいることを知り、深い共感を覚えました。そこでカーライルの著書を探すのですが、農学校の図書館には一冊も見出《みいだ》すことはできませんでした。

そんな頃、稲造を打ちのめす知らせがもたらされます。母親の死でした。稲造は大きな悲しみの淵《ふち》に投げ込まれました。

その後、病気療養《りょうよう》のために上京していた稲造は、かつて洗礼を受けたハリス師が所蔵していたカーライルの著書『サーター・リサータス』と出会う機会に恵まれます。彼はその本を譲《ゆず》り受け、貪《むさぼ》るように読み始めました。まるで自分のことが書かれているようだと感じます。文中の主人公も幼くして父親を亡くし、若くして母親を失っていました。「読めば読むほど、我輩《わがはい》の心に反響する点が多く、何回となく繰《く》り返し読んだ」と後に回想して語っています。

とりわけ、彼の心に平安をもたらしたのは、そこに描かれていた次のような「真の父」に関する記述でした。

お前は、実際お前の親を知っているか　――（中略）――　乳汁《ミルク》をのましてくれ、食物を食べさせてくれたその人を父だの、母だのと名をつけている。しかし、これもよく考えてみると、やはり、ただの肉体の親である。真実の父は、天にある。真の父は肉体のものではない。

＊

私には、涙の湖水が、腹のなかに湧《わ》いた如《ごと》くたたえられていて、この水のはけどころはなかった。しかし人生、殊《こと》に若い精神というものは、強い健康なもので、「死」からさえも、栄養分をとるものだ。この若い経験から私は、何となく、悲しいような、しかしうるわしい連想が起ってきた。「死」というものについては、サイプレスの森（Cypress forest）に自分の安全な根拠地を得たような気がした。これから後は、半ばサイプレス・トリーが自分の城である、墓を根拠地として世に戦うという心が生じた。これは本人に死ぬ覚悟があればできる。この覚悟があれば、随分つらいことがあっても、なあにそんなことは、なんでもないと思い、それから脅迫されることがあっても微笑をもって迎えるようになった。かくて「死」のために、一種の勇気を養った。

（『新渡戸稲造』）

また、主人公が「永遠の否定」から、「永遠の肯定」に至る道のりにも深く共感しています。絶望的なまでの信仰の暗夜《あんや》を越えてゆく煩悶《はんもん》の日々、そしてそこを抜けて、何ものかの呼びかけを聴くことによって永遠の光を見出してゆく道のり——。そこに自分を重ね合わせ、希望を見出していったのです。彼は生涯にわたる人生観、信仰の基礎となるものに巡り合ったのです。以来『サーター・リサータス』は、稲造にとって手放せない座右《ざゆう》の書となりました。

さらにこの書の中で一人の靴屋、ジョージ・フォックス（一六二四〜九一）という人が、クエーカー派という内省《ないせい》と瞑想《めいそう》を大切にするキリスト教の一派を開いたことを知ります。後年、稲造は、アメリカで質素なクエーカーの集会に出入りするようになり、その後、信徒の一人であったメアリー・エルキントンと結婚することになるわけですから、この書との出会いは彼の人生にとって、大きな転換をもたらすものとなったということです。

使命への予感

やがて健康を回復した稲造《いなぞう》は、改めて自らの進路について深く考えるようになります。社会情勢も大きく変化する中で、農業を治めるばかりが国家のためになることではないことが分かってきたのです。二十歳当時、母校の札幌農学校で教鞭《きょうべん》を執《と》っていた稲造でしたが、上京し、東京大学に入学して学び直すことを決意しました。

東京大学入学の折、面接に際して、何をやりたいのかとの問いかけに稲造は、農政学のほかにも英文学を学びたいと答えています。さらに、英文学をやって何をするつもりかと尋《たず》ねられ、「太平洋の橋になりたいと思います」と答えたと言われています。「日本の思想を外国に伝え、外国の思想を日本に普及する媒酌《ばいしゃく》になりたい」と思い始めていたのです。

しかし、大学生活には期待も大きかっただけに、充《み》たされないものがありました。札幌時代を懐《なつ》かしみ、特に大学に宗教的なものがないことを残念に思っています。

当時、稲造は暗くなるまで図書館に閉じこもり、家に帰った頃には疲れ果てるほど勉学に励《はげ》みました。親友であった宮部金吾《みやべきんご》宛《あて》の手紙には、彼の疼《うず》きのようなものが散見《さんけん》されます。

「私の眼の前には、きらきらする私が握ろうとする何物かがある」

「私のなさんとすることは、私の前にうず高く積まれているように思われる。その巨《おお》きな積み重なりに私は驚きはしない。……私は毎日神に祈る――。神が、神と世界のために何か役に立つ精神力と機会とを御恵《めぐ》みくださるようにと。しかしいつでもこんなふうではない。一カ月に一度かまたは時々昔の憂鬱《ゆううつ》な気質が私の心に忍び入ると、涙っぽくなり憂鬱な心になる」

大学への失望が深まるとともに、稲造の中には一つの決心が生まれます。神に愛されるためには己《おの》れを磨かなければならない。そのためには広い世間に出ないと遅れるばかりであると思い、洋行を決意するのです。

決して費用が十分にあったわけではありません。それでもあえて危険を冒《おか》して渡米したのです。留学先のジョンズ・ホプキンス大学では三年間学びますが、それは決して楽な生活ではなく、学費のためにアルバイトをしながらの苦学が続きました。

しかし同時に、信仰の上では、クエーカーの集いに熱心に参加し、その道は深まってゆきました。こうした信仰の深まりとともに、稲造は次第《しだい》に自らの使命に目覚めてゆくことになるのです。

夢の実現に向けて

明治十八年（一八八五）秋、アメリカでの留学生活も二年目に入って気持ちにゆとりが生まれた頃、稲造《いなぞう》は自分の将来の夢を宮部金吾《みやべきんご》宛《あて》にこう書き送っています。

「第一は、成人教育の学校、ここでは、歴史、経済、農業、自然科学などを教える。第二は、大学や専門学校に進むことを希望しながら正規の中学に通学できない青少年のための学校の建設、第三は、第二より程度は低く、貧困な家庭の少年たちに常識を与えるための英語、数学なども教える夜間学校の建設、第四には、前述の学校に女学部を加えること。いかに僕はこれらの希望を成し遂《と》げたいと思っていることだろう！……たとえ地位はいかに人目につかず、卑《いや》しくとも、僕の祈りと望みは、キリストの名を高め、多くの人々の心をキリストへ持ち来たらすために一番適当なところで働きたいのである。そして、君もご承知のように、少年が大好きだから、彼らを有用な人物に仕上げるという仕事は、僕には非常な魅力がある」

イエスの名を高め、多くの人々にイエスの心を伝えること――。稲造がはっきりと自らの人生の仕事の核を掴《つか》んだことがうかがわれます。

ここで掲《かか》げられた構想は、「サッポロ・アカデミー」と稲造の中で名づけられ、三年間のドイツ留学を経《へ》た後、帰国して教育者となった札幌で少しずつ実現されてゆくことになります。

この稲造のドイツ留学と母校札幌農学校への招請《しょうせい》も、ともに札幌農学校時代の先輩、佐藤昌介《しょうすけ》

（一八五六〜一九三九）の強い推薦《すいせん》によるものでした。佐藤昌介はクラーク博士に直接学んだ第一期生で、アメリカ留学から一足先に帰国して札幌農学校の教授となり、今後の発展のために優秀な教授を集めることの必要性を痛感していました。そこで、稲造をドイツへ農政学研究のために留学させるよう尽力《じんりょく》したのです。

ドイツのボン大学、ベルリン大学で農政学、農業経済学、統計学などを学んだ稲造は、アメリカで結婚した妻メアリーを伴《ともな》って帰国しました。周囲の反対にもかかわらず、決意を変えることがなかった二人は、国籍や人種の違いを超えて結婚に踏み切ったのです。

当時の日本は、明治憲法が発布《はっぷ》されて教育方針が変わり、その中で札幌農学校も様々な困難に直面していました。それまでの西洋式の思想や制度に代わって日本独自のものを確立しようとし始めていたのです。稲造が赴任《ふにん》したのはそのような時期でした。

一時は廃校《はいこう》の噂《うわさ》さえ流れる中、少ない教授陣で、高い理想を掲げて学校を運営してゆくのは大変なことでしたが、農学校の教授たちは教育に情熱を傾《かたむ》けていました。稲造はその頃、「教育は祈りをもってなされるべきである」との信念のもと、授業の前には必ず数分間の黙禱《もくとう》の時を持っていたということです。そして、講義は聴く者の心を惹《ひ》きつけずにはおかないものだったと言われます。ドイツで学んだゼミナール（教授の指導のもとに、少人数の学生が集まって専門的な課題を研究し、発表、討論などを行う演習形式）を取り入れた日本で初めての授業は、斬新《ざんしん》で、かつ内容も豊富であったため、わざわざ札幌に遊学《ゆうがく》する学生が出たほどでした。さらに、日曜日には自宅で「聖書研究会」を開くなど、稲造は多忙《たぼう》を極《きわ》めていましたが、充実した日々でもありました。

こうして稲造は、この札幌農学校時代、教育、宗教、そして社会事業に心血《しんけつ》を注《そそ》いでゆきました。教育の中でも稲造がとりわけ心を砕《くだ》いたのが社会教育で、先に紹介した「サッポロ・アカデミー」構想の第二の中等教育が一番早く実現を見ることになります。札幌に初めてつくられた中学校「北鳴学校《ほくめいがっこう》」の校長を引き受け、惜《お》しみなく情熱を注いでいったのです。ここではクラスも担当し、週に一度生徒を自宅に招《まね》いて彼らの話に耳を傾けたり相談に乗るといったカウンセリングも行っています。ここで人格教育重視の教育を実践《じっせん》したのです。

さらに稲造は、第三の夢、貧しくて教育を受けられない子どもたちのための夜学校《やがっこう》を実現しています。それは当時とすれば大変画期的《かっきてき》な試みで、長い間、なかなかその必然と意義を人々に理解してもらえませんでした。その頃、多くの人々は「貧しい者には学問は必要ない」という考えを持っていたのです。しかし、稲造自身、幼くして父親を失い、もし官費《かんぴ》で教育を受けることができなかったら決して今日の自分はないということを身に沁《し》みて感じていました。機会さえあれば、貧しい人々も自分のように学問を学び、様々な技術や能力を身につけることができる――。夜学校の夢は、こうした彼の信念から生まれたものだったのです。

こうして人々を説得して資金を集めるために、足を棒《ぼう》のようにして奔走《ほんそう》する日々が続きました。しかし、開校は難航《なんこう》していました。そんなある日、思いがけず妻の実家から資金が送られてきて、それが実現することになったのです。

そこには不思議な巡《めぐ》り合わせがありました。メアリーの父親は、かつて慈善《じぜん》の気持ちから孤児院の少女を引き取って育てました。その女性は生涯嫁《とつ》がずエルキントン家に仕《つか》えたのですが、人生を終えたとき、メアリーに自分の財産の一部を譲《ゆず》り、それがちょうどその頃届けられたのです。その女性の遺志《いし》を生かすためにも夜学校の設立資金とすることが最もよいだろうと考えられ、夢が実現されたのです。

「朋《とも》あり、遠方《えんぽう》より来たる。また楽しからずや」という漢詩から「遠友夜学校《えんゆうやがっこう》」と名づけられたこの学校は、札幌農学校の学生有志の献身《けんしん》的協力によって運営され、授業料は全額無料でした。この夜学校はその後、五十年間にわたって続けられ、数千名に及ぶ青少年が籍《せき》を置いたと言われます。なお、夜学校は教育のみならず、社会事業も行っています。貧民街に看護師を巡回《じゅんかい》させたり、消毒薬を配布《はいふ》するなどといった活動もしていたのです。

太平洋に橋を架《か》ける――『武士道――日本人の魂』出版

このように着々と夢を実現させ、極《きわ》めて多忙な日々を送っていた稲造《いなぞう》でしたが、その人生にいくつもの試練が襲いかかってきます。きっかけとなったのは、生まれたばかりの長男の夭折《ようせつ》でした。それは夫妻にとって、その後二十年間消えることのない深い心の傷をもたらすことになります。夫人はこの出来事により病に倒れ、養生《ようじょう》のためにアメリカに渡ります。稲造はしばらく一人で暮らさなければなりませんでした。

稲造は、妻の父親に宛《あ》てた手紙に「この大きな悲しみによって、悲しみの使命を理解するに至りました」と記《しる》し、さらにゲーテの言葉を引用しながら「私の傷は癒《いや》される、そして誰《だれ》が頭も骨も砕《くだ》くような苦痛に耐え得るか、神が知りたもう、神のみが……」とうめくように綴《つづ》っています。どんなに厳《きび》しい苦難も、イエスが共に背負って下さる――。苦難は恵《めぐ》みであるという想いに至ったのです。

明治三十年(一八九七)、稲造は札幌農学校を辞職し、伊香保《いかほ》に家族と共に赴《おもむ》き、さらにアメリカの西海岸に移ってそこでしばらく療養《りょうよう》をすることになります。稲造は重症の神経衰弱《すいじゃく》と診断され、休養を取るよう申し渡されていたからです。

この休養の期間、稲造は長年研究を重ねてきた農業論のまとめに取り組み、さらに『武士道――日本人の魂』を書き上げます。

『武士道』は、時代の要請に応《こた》えて書かれたものでもありました。日清《にっしん》戦争、そして日露《にちろ》戦争を経《へ》て、世界は日本に関心を寄せるようになりましたが、まだまだ欧米にとって日本は未知の国だったのです。日本は欧米の文化を取り入れることには懸命《けんめい》でしたが、日本のことを知らせる努力は怠《おこた》ってきたからです。「太平洋の橋とならん」と志していた稲造は、誰よりも強く「時」を実感していたに違いありません。

そして、さらに稲造に『武士道』を書くことを促《うなが》したある一つの出会いがありました。稲造がドイツに留学していた頃のことでした。その経緯《けいい》が『武士道』の序文に次のように記《しる》されています。

＊

十年ほど前のことですが、私はベルギーの著名な法学者で、すでに故人となられたド・ラヴレー氏のお宅に滞在し、歓待《かんたい》にあずかったことがありました。散歩道での話題がたまたま宗教のことになったのですが、この老大家はこう質問なさったのです。

「お国の学校では宗教教育などしないと、そうおっしゃるんですか?」

「そうなんです」と私が答えた瞬間、彼は驚きのあまりハタと立ちつくし、「宗教なしって!じゃ、どうやって道徳教育を授《さず》けるのですか」と何度も何度もおっしゃるのです。その時のお声が容易に忘れられません。

この質問は私にとって、まさに頭上に下ろされた一撃で、その瞬間とっさには答えられませんでした。考えてみれば、私の子供の頃学んだ道徳の教えは学校で与えられたものではなかったからです。
正邪《せいじゃ》善悪のけじめを私の中で形成しているさまざまの要素を分析してみて、これらを私の心に吹き込んだのは武士道なのだと初めて気がついたのです。

＊

ラヴレー氏の言葉を「頭上に下ろされた一撃」と感じ、ずっと忘れることができなかった稲造は、療養しながら『武士道』の執筆《しっぴつ》を進めてゆきました。それはまた、妻メアリーから日頃、日本人の思想や風習について様々な質問を受けていたことへの答えでもありました。そして何よりも、異文化をつなぎたいという、かねてよりの願いの結実《けつじつ》となっていったのです。

明治三十二年（一八九九）十一月、英文で書かれた『武士道』がアメリカで出版され、そこには「日本人の魂」という副題がつけられました。まさしくその題の通り、そこには「武士道」という言葉に象徴される日本人の精神が多側面から描かれており、この書によって「ニトベ」の名が一躍《いちやく》世界の人々に知られるところとなりました。日本で出版されたのはその翌年のことでした。

「武士道」について稲造はこう書き起こしています。

「武士道は、日本の象徴である桜の花とならんで、同じく日本の土壌《どじょう》に固有の花であります。……武士道は今でもなお、私たちの間で力として、また美として具体的に生きているのです。手に触れることのできる形態は取っていないにしても、それ以上に道徳的香気《こうき》を放っており、今でも私たちはその有力な影響下にあることを自覚させられるのです」

「武士道」の淵源《えんげん》についても、世界の人々が理解しやすいように解説されています。武士道の淵源を仏教と神道《しんとう》と儒教《じゅきょう》に見出《みいだ》し、その一つ一つの精神がどのように武士道に流れ込んできたか、その関係を描いているのです。例えば、仏教が武士道に寄与したのは、運命に委《ゆだ》ねてゆく平静な心、避けられないものに対する静かな服従《ふくじゅう》、危険や災害に直面した場合の禁欲主義的沈着《ちんちゃく》さなど。神道が武士道に与えたのは、主君に対する忠誠《ちゅうせい》、祖先に対する尊敬、また親に対する孝行など。そして、儒教は武士道に倫理的な側面を植えつけたと言っています。

さらに稲造は、こうした叙述《じょじゅつ》の後、これら武士道の抱《いだ》く諸徳《しょとく》が日本固有のものであると同時に、いかにキリスト教の思想と共通しているか、あるいはいかにキリスト教の思想の中にすでに包含《ほうがん》されているものであるかを示しています。

これらのことはすべて、療養生活の静かな環境と深い瞑想《めいそう》の中で、稲造が自らの体験を振り返り、自らの内を探求しつつ見出していったものでした。

そして、これまで身につけてきた博識《はくしき》を縦横《じゅうおう》に駆使《くし》して描かれたこの書は、先にも述べたように世界に予想外の大きな反響をもたらしました。稲造は、この執筆の日々を通じ、病気という試練を世界からの呼びかけとして受けとめて、直面する問題を解決し、新たな創造を生む機会としていたのです。

呼びかけに応《こた》える――事業家として、教育者として

病気が快復《かいふく》した後も、稲造《いなぞう》にはいくつもの使命がもたらされました。明治三十三年（一九〇〇）、稲造は前年にいったん断《ことわ》っていた台湾行きを引き受け、札幌農学校よりの招請《しょうせい》を断念しています。稲造にとっては、札幌で気心の知れた知己《ちき》たちと共に教育に携《たずさ》わることの方がずっと好ましい選択《せんたく》であったことでしょう。日清《にっしん》戦争で勝利して日本領土となった台湾で、その統治《とうち》と殖産《しょくさん》のために働くことは未踏《みとう》の領域であり、多くの困難が予想されました。しかも、台湾統治はそれまでも失敗の連続だったのです。

稲造は、台湾行きを引き受けると、ヨーロッパに渡り、スペイン、フランス、イギリス、ドイツなどの植民政策を研究しています。さらにエジプトに赴《おもむ》き、熱帯農業を研究するなど、台湾での仕事に備《そな》えるのでした。稲造三十八歳の頃のことです。

台湾総督府《そうとくふ》日本が台北《タイペイ》に設置した台湾に対する植民地統治機関の技術任官として稲造が赴任《ふにん》した当時、台湾は経済的な問題を抱《かか》えており、出費ばかりがかさむので、いっそ手放した方がよいのではないかという声さえ上がっていたほどでした。

台湾に着くとすぐ、稲造は台湾南部の視察《しさつ》に出かけるのですが、早速《さっそく》マラリヤに罹《かか》ってしまいます。

稲造はそうした試練を経《へ》ながらも、これまでの糖業《とうぎょう》のあり方を分析し、「糖業意見書」を提出

しました。その意見書は採択《さいたく》され、向こう十年の予定で臨時台湾糖務局が設置され、稲造が局長として働くことになったのです。実際には予定よりも早く五年で目標を達成し、糖業は発展に次ぐ発展を遂《と》げ、その生産高は世界最高のハワイにまで迫るほどの実績を上げました。

稲造は、こうして、学者としてのみならず、事業家としても功績を残したのですが、本人はこのことに関しては多くを語らず、あくまでも謙虚《けんきょ》であり続けたのです。

大切なことは、稲造の植民政策は「人格尊重」の観念に基づくものであり、「力」をもって征《せい》服《ふく》しようとするところのまったくないものであったと評価されていることです。それは取りも直さず、「天地は神の創《つく》りたもうたもの」という稲造の信仰から生まれた政策だったということでしょう。

台湾の任務が一段落ついた頃、稲造は、京都帝國大学の教授を兼任《けんにん》することになります。さらにその後、明治三十九年（一九〇六）には時の文部大臣より第一高等学校（一高）の校長として就任《しゅうにん》するよう再三請《こ》われて、引き受けています。当時の日本において、内外の思想に深い理解のある人物が前途有望な青年の教育に当たることは、時代からの要請《ようせい》でもありました。

稲造の人生の前半は、渡米など、本人の内なる促《うなが》しによる選択によって貫《つらぬ》かれていますが、後半生は、台湾行きにも見られるように、本人の要望というよりも外からの強い要請に応《こた》えることによって営《いとな》まれてゆきました。引き上げる力、外からの促しの力によって、その使命へと運ばれてゆき、またそれに誠実に応えていったのです。

稲造は、教育者として多くの青年たちに並々ならぬ影響を与えました。学生たちを惹《ひ》きつけてやまない講義の素晴《すば》らしさもさることながら、その人格から発される光こそ、最も大きな感化《かんか》を及ぼしたのです。

そして、学生たちとより深く交流できるよう、一高の近くに二階建ての家を借り、週に一度の面会日を決めて話し合ったり、相談に乗ったりしたということです。この時期、「青年の理想」と題する講演の中で青年たちにこう語っています。

「各自の理想とするところはいかなることか。それは諸君、人の声も虫の声も絶えた深夜、ひそかに寝床を出て天を仰ぎ、神よ汝《なんじ》はいかなることをなせよと要求するかと問うたときに、静まれる諸君の心に、かくなせよ、と応ずる囁《ささや》きが即《すなわ》ち天の意であり、神の心である」

自ら自身内省を重んじた稲造は、学生たちにも、このようにそれぞれが内なる対話を大切にするよう誘《いざな》ったのです。

学生の一人であった矢内原忠雄《やないはらただお》（一八九三〜一九六一）は、その著『余の尊敬する人物』の中で、稲造の教育者としての態度がいかに人間的であったかを述べ、何よりも強制的命令的な態度ではなく、生徒の自発的覚醒《かくせい》を促す態度であったと書いています。

また、この矢内原忠雄もその一人ですが、学生たちの中にキリスト教信仰に興味を抱《いだ》く者が現れると、稲造は、農学校時代の同窓生、内村鑑三《うちむらかんぞう》のもとに誘い、学生たちが鑑三のもとで信仰を深める縁《えん》となりました。

稲造は、ともすれば出世志向となってゆく青年たちに「本当の志」とは何かを教えました。具体的にはバイタリティ（生命力）、メンタリティ（精神性）、モラリティ（徳性《とくせい》）、ソシアリティ（社会性）の四点を強調したと言います。

六年間にわたる一高時代の中で、学生たちに与えた影響は多大でした。ただ、このような理想に生きる稲造の新しい教育方針を、すべての学生がよしとしたわけではなく、これまでの一高の伝統を破壊《はかい》するものだという批判の声も上がりました。その進歩的な教育ゆえに、しばしば反発も受けました。

こうした非難を浴びながらも、稲造は自分に問いかけつつ、自らの信ずるところを貫き通していったのです。

明治四十四年（一九一一）、稲造に日米交換教授の大任《たいにん》が降りかかります。日米の文化交流、相互理解を進める交換教授には彼以外は考えられないという結論が出たのです。当時、日米の間には移民、工業、貿易、軍備と様々な問題が横たわっており、アメリカの一部には排日運動も起こっていました。交換教授の提案は、こうした事態を打開するために取られた策でもありました。

当時、一高の校長、東京帝國大学の教授を兼任し、充実した毎日を送っていた稲造でしたが、この依頼が飛び込んできたとき、彼はあえてその未知の領域に足を踏み入れることを決意しました。アメリカに渡った稲造は、各地の大学で一年間に一五〇回を超える講演を行っています。その講演は聴く者の心を動かす感動的なものであったと伝えられています。こうして稲造は、日本に対するアメリカの理解を深めるために日夜心を砕《くだ》いたのです。

しかし、帰国後、明治から大正へと時代が移った日本では、稲造のアメリカでの働きを理解する人は少なく、学校でも稲造の一年間の不在を非難する声が上がるという有様でした。健康もすぐれない日が続いていました。

稲造はとうとう一高を辞し、次なる使命へと向かいます。送別の日、離れ難《がた》い想いを抱いた五、六百人もの学生たちが本郷の校門から新渡戸邸《にとべてい》のある小石川まで列をなして見送ったと言います。

一粒《ひとつぶ》の麦――国際平和を祈念《きねん》して

国際連盟からの招請《しょうせい》――。それが稲造にとっての次なる使命でした。五年間にわたって続いた第一次世界大戦はようやく大正七年（一九一八）に終結し、翌年パリで開かれた講和会議で提案されたのが、平和の維持《いじ》と国際協力の促進《そくしん》を目的とする国際連盟の構想でした。その国際連盟が実質的に機能するためには事務局が必要であり、日本に対してその事務次長の要請《ようせい》がなされたのです。本人も知らないところでその人選が進み、稲造が選ばれました。稲造は初めこの要請を辞退しましたが、切羽詰《せっぱつ》まった日本の状況を伝えられると、それ以上の無理は言えず、とうとう引き受けることになります。

稲造は、当時の心境をアメリカの友人に宛《あ》ててこう書いています。

「私の生涯《しょうがい》の仕事における変化を思うとき、頭上に私を導《みちび》く御手《みて》のあるのを改めて感じます。自分に能力があると正直申して思いません。しかし、この任務は私の全精力をかけるべきものであることは確かです」

そして、「私のこれまでの経験はこの仕事を成し遂《と》げるためのものであった」と言っているのです。並々ならぬ決意を持ってこの任に就《つ》いたことが窺《うかが》えます。

稲造は国際連盟の精神をよく理解して、その普及《ふきゅう》と実践《じっせん》に心を尽《つ》くしました。欧州各国で講演活動を重ねる稲造について、事務総長は「演説が巧《たく》みであるだけでなく、聴講者に深い感動を与える点において、わが事務局中彼に及ぶものはない」と語ったほどです。

また、国際文化協力事業として国際知的協力委員会が創設されるに当たり、その中心となって働きました。その委員会は現在のユネスコの基礎となったものであり、アインシュタイン（一八七九～一九五五）、ベルグソン（一八五九～一九四一）、キュリー夫人（一八六七～一九三四）などがそのメンバーでした。

英文『武士道——日本人の魂』

国際連盟事務局次長時代の新渡戸稲造（職員とともに）

こうした稲造の仕事は、一つの信条《しんじょう》に貫《つらぬ》かれていました。その信条とは、「われわれは市民である。日本国家の市民だけではない。世界共同体の市民である」というものでした。

七年間、事務次長として貢献《こうけん》した後、稲造は帰国していますが、次々と著作を執筆《しっぴつ》したり、講演活動などに忙しい日々を送ります。

しかし、日本は満州事変《まんしゅうじへん》（一九三一）を契機《けいき》として急速に軍部の勢力が台頭《たいとう》し始め、五・一五事件（一九三二）が勃発《ぼっぱつ》するなど、軍国主義への傾斜《けいしゃ》を強めてゆきました。かねてより自由主義者と見られていた稲造の言動は終始監視《かんし》されるようになり、その発言が糾弾《きゅうだん》の的《まと》となっていったのです。

一方、満州事変以来、アメリカの対日感情は悪化していました。稲造は居たたまれない想いから、一民間人の有志として夫人と共に渡米します。そして、アメリカ各地で排日派の人々と会ってゆきました。日米の和親のために彼が一カ月に行った講演は百回を超えたと言われています。当時の大統領フーヴァーをはじめ有力者たちとも会い、日本に対しての誤解を解くことに努力しました。

しかし、アメリカでは「新渡戸《にとべ》は軍部の命《めい》を受けているのではないか」と言われ、一方日本では「新渡戸は日本の軍部の圧力に妥協《だきょう》した」と中傷《ちゅうしょう》されるなど、その真意は容易には理解されませんでした。

そして、日本はとうとう国際連盟を脱退します。歴史はとどめようもなく怒濤《どとう》のように暴流《ぼうりゅう》し始めていました。

世界の日本に対する眼が一段と厳《きび》しくなってきたその頃、稲造は体の不調を押して、太平洋問題調査会の日本代表団団長としてカナダのバンフでの会議に臨《のぞ》むことになります。

会議では、文字通り全身全霊を傾《かたむ》けて、日本の国際的理解を促進《そくしん》するために尽《つ》くしました。

しかし、その会議後、稲造は突然激しい腹痛に襲《おそ》われました。そして一カ月の闘病生活を経《へ》て、カナダの地で人生を終えたのです。昭和八年（一九三三）十月十六日、享年七十一歳でした。最後まで「まだ死ぬわけにはいかない」と何度もつぶやいていたと伝えられています。

日本が太平洋戦争に突入していったのはその八年後のことでした。

稲造はよく「戦争なきは平和にあらず」と語っていました。彼がめざしていた平和とは、ただ単に戦闘行為がないというだけではなく、愛と信義の上に立つ平和でした。そして、その成就《じょうじゅ》のためには各国人が互いに理解し合い、尊敬し合える関係を築かなければならない――。そう考えていたのです。それは遥《はる》かな理想かもしれません。しかし、その遥かな理想と現実の間に懸命《けんめい》に橋を架《か》けようと尽くし続けたのが、新渡戸稲造の生涯でした。

新渡戸稲造の人生を想うとき、聖書の一節が蘇《よみがえ》ってきます。

――一粒の麦は、地に落ちて死ななければ、一粒のままである。だが死ねば多くの実を結ぶ。――

新渡戸稲造もまた一粒の麦でした。最期《さいご》、確かに怒濤《どとう》のような歴史の流れをとどめることはできず、死んでも死に切れない想いであったことでしょう。しかし、捨て身で試練を自らに引き寄せていった彼の生き様は、多くの人々に希望の光を投げかけ、その志は間違いなく未来へと引き継《つ》がれてゆきました。

そして、時代からの要請に対して次々に応《こた》え続けずにはいられなかった稲造の人々への愛――。それは二千年前、エルサレムの地でイエスの魂から溢《あふ》れた光を引き継《つ》がんとしたものでありました。

稲造は、「宗教とは、神に接して力を得、これを消化し、同化して現す力である」と言い、何よりも実行を大切にしていました。そして、一人ひとりの内なる光（インナーライト）を世に現すことこそ、宗教の目的であると訴えていました。

教え子の一人は言っています。「新渡戸先生はマタイ伝のイエスのようだった」と。

生涯イエスに倣《なら》って生きんとした新渡戸稲造は、イエスの心を求めつつ、一粒の麦としてその命を終えていったのです。

信仰の実験——内村鑑三

内村鑑三《うちむらかんぞう》の人生は、自分という存在を一つの信仰の実験として捉《とら》え、その自己の変革を通して、世界を変革することへ飽《あ》くなく挑戦し続けた人生であったと言うことができるでしょう。

扉：アマースト大学時代の内村鑑三

新世紀への挑戦《ちょうせん》――自己の変革《へんかく》から世界の変革へ

「わが理想の日本はいまに来る。必ず来る。百年後か二百年後か、三百年後か、千年の後か、それは吾《われ》らの知る所ではない。しかれどもその来るのは必然である。……我はその来たらんために働かんかな――」

やがて来たるべき日のために自らのはたらきを誓《ちか》う、この文章が当時の新聞『萬朝報《よろずちょうほう》』に掲載《けいさい》されたのは、今からおよそ百年前の一九〇一年、二十世紀という新しい時代を迎えた年の夏のことでした。

この記事の執筆者《しっぴつしゃ》、内村鑑三《うちむらかんぞう》（一八六一～一九三〇）は、その後、「理想団」という結社《けっしゃ》の発起人《ほっきにん》の一人となり、一種の社会主義運動に身を投じてゆきます。

この記事にもその考え方が見られるように、彼は数々の現実を体験し、世界を観察する中、個人を変革して初めて社会が変革されるのであって、決してその逆ではないという信念を抱《いだ》いていました。例えば、産業の近代化に伴《ともな》って起こった足尾銅山鉱毒事件の毒も、実は「山から出る毒ではなくして、人の心に湧《わ》き出づる毒」であると看破《かんぱ》していました。そこから「今日の要《かなめ》は強き個人性の養成にある」と考え、そのような強い個性は、もはや福音《ふくいん》の真理によって新しく生まれ変わるのでなければ養成されないと確信していたのです。

内村鑑三の人生は、自分という存在を一つの信仰の実験として捉《とら》え、その自己の変革を通して、世界を変革することへ飽《あ》くなく挑戦し続けた人生であったと言うことができるでしょう。ここに一人、時代に先駆《さきが》けて、新たな挑戦に身を投じた魂がありました。やがて必ず理想の未来が来ることを信じ、その日のために自らを捧《ささ》げた一つの魂が後世に託《たく》そうとしたものとは、一体どのようなことだったのか——。ここでは、その魂の軌跡《きせき》を尋《たず》ねてみたいと思います。

キリスト教への道

「余は、グレゴリー暦によれば、一八六一年三月二十三日に生まれた。余の家は武士階級に属していた、それゆえに揺籃《ゆりかご》の中からして余の生まれたのは戦うため、——生くるは戦うなり——であった」

内村鑑三《うちむらかんぞう》の名が世界に広く知られることになった自伝的名著『余は如何《いか》にして基督《キリスト》信徒となりし乎《か》』の冒頭は、このように始まっています。

日本が、武士階級を頂点とする封建社会という旧《ふる》い殻《から》を脱《ぬ》ぎ捨て、長かった鎖国《さこく》を解き、近代日本として新しく生まれ変わろうとしていたまさにその前夜——。鑑三は、没落《ぼつらく》してゆく士族《しぞく》の長男としての宿命を背負うところから、その人生を始めることになりました。

父方の祖父は「全身これ武士であった」と表現されるような人物でした。その息子であった鑑三の父親は、人を統率《とうそつ》する能力に長《た》けた軍事的才能を備《そな》えた人であると同時に立派な儒学者《じゅがくしゃ》でもあり、鑑三は、父親が施《ほど》した儒教教育の影響を強く受けて育ちます。とりわけ、勇気、節操《せっそう》、正直、清廉《せいれん》、親切、忍耐《にんたい》といった武士道精神は、彼のその後のキリスト教信仰の土台となり、日本におけるキリスト教普及の一つの要因ともなりました。

一方、母親及び母方の祖母は、八百万《やおよろず》の神々への素朴《そぼく》な信仰を抱《いだ》いていました。そのことは、生来宗教的感受性の豊かであった鑑三の傾向をさらに強めることにつながりました。

このように武士の子として生まれ育った鑑三がキリスト教と出会うことになるのは、札幌農学校です。鑑三が東京外国語学校の最上級に在学していた折、来校した開拓使御用掛《かいたくしごようがかり》の堀誠太郎《ほりせいたろう》による札幌農学校第二期官費生《かんぴせい》募集の演説を聞いたことがきっかけとなり、進路の選択《せんたく》を決意することになったのです。この札幌農学校への入学が彼の人生に決定的な運命の転換をもたらすことになろうとは、鑑三自身、想像すらできないことでした。

その頃、廃藩置県《はいはんちけん》などの諸改革が行われたため、鑑三の父親のような藩士たちは藩を退《しりぞ》いて隠居《いんきょ》の身になっており、その家庭はたちまち貧しくなっていました。北海道の新天地の開拓という壮大な構想に心惹《ひ》かれたことも確かですが、官費で勉学が続けられることも応募の理由だったのです。このとき、鑑三と同時に第二期生として入学した太田(新渡戸《にとべ》)稲造《いなぞう》(一八六二~一九三三)や宮部金吾《みやべきんご》(一八六〇~一九五一)らも皆、同様の境遇《きょうぐう》にありました。

当時、札幌農学校では、主にアメリカ人教師を通して、開拓者精神とそれを支える実用科学を教えていました。

農学校における鑑三の勉学への精進《しょうじん》は、大変なものがありました。規則正しく勉学に励《はげ》み、その努力も人一倍でした。農学校の開校以来、彼ほど優秀な成績を取った者はほかにいないだろうと言われたほどです。

そして、鑑三の精神史において、決定的に重要な意味を持つイエスとの出会い――。

ただ、彼の入信への道は、決して容易に開かれたわけではありません。むしろかなりの抵抗の末、半《なか》ば強制的に入信させられたというのが実情でした。

『余は如何にして基督信徒となりし乎』には、その経緯や心中が詳《くわ》しく記《しる》されています。

当時、クラーク（一八二六～八六）はすでに帰国した後でしたが、その薫陶《くんとう》を受けた農学校の第一期生が、クラークの残した「イエスを信ずる者の契約《けいやく》」に署名《しょめい》するよう新入生に迫《せま》ったのです。

まず、彼の中に生まれた抵抗は、キリスト教は異国の宗教であるというものでした。早くからわが国を他の国より最も崇《あが》めるべきであると教えられてきた鑑三は、「余は我が国の神よりほかのいかなる神にも忠誠《ちゅうせい》を誓うことは死そのものをもってしても強《し》いられることはできない」と考えたのです。

彼にとってキリスト教を信じることは、祖国に対して反逆者になることであり、祖国の信仰からの背教者《はいきょうしゃ》となることにも等しかったのです。

周囲の学生たちは次々に改宗《かいしゅう》してゆき、一人取り残された鑑三は、精神的に追い詰《つ》められてゆきます。彼は、近くの神社に赴《おもむ》き、枯草《かれくさ》の上にひれ伏《ふ》し、校内の新宗教熱を鎮静《ちんせい》させ、異なる神を崇める者どもを罰《ばっ》してほしいと真剣に祈っているほどでした。

しかし、こうした抵抗も空《むな》しく、ついに「意志に反して、また（余は告白しなければならぬ）いくぶん余の良心にも反して」屈《くっ》することになり、キリスト教に入信しました。一八七七年十二月、鑑三が十六歳のときのことでした。

そのような抵抗があったにもかかわらず、入信は鑑三の「小さな霊魂《れいこん》に喜ばしい音ずれ」をもたらしました。神は多数ではなく、宇宙に一つの神があるだけである――。このことを教えられたことにより、彼は、それまでの信仰の縛《しば》りから自由になりました。八百万の神を信じていた彼は、それまで神々ごとへの特別な祈りや誓いと断ち物をもって礼拝してきました。礼拝すべき神が年々増え、神社が近づくと友との会話を止めて祈りを捧《ささ》げるというような登下校の毎日から解放されたのです。

新しい信仰によって与えられた新しい霊的自由は、彼の心と体に健全な感化《かんか》を与え、彼はより一層の集中をもって勉学に励《はげ》み、「山野を跋渉《ばっしょう》し、谷の百合《ゆり》、空の鳥を観察し、天然を通して天然の神と交《まじ》わらんこと」を求めるようになったと言います。

こうしてキリスト教への道は、その一歩が踏み出されたのです。しかし、それがどれほど厳《きび》しい道となるか、鑑三に知るすべはありませんでした。

新しい人の誕生、新しい教会の独立

第二期生で「イエスを信ずる者の契約《けいやく》」に署名をした七名は、上級生の集会を手本として小さな集会を持つようになります。鑑三《かんぞう》は、後にこれを「小さな教会」、あるいは「おもちゃの教会」と呼んでいます。

この集いはささやかでしたが、すでに後の札幌独立教会や彼が唱《とな》えた無教会キリスト教の萌芽《ほうが》がそこにありました。

七人がハリスという宣教師から洗礼《せんれい》を受けたその日を、鑑三は「忘るべからざるの日」として記《しる》しています。七人は、いかに震《ふる》えるような想いでキリストの御名《みな》を口にし、アーメンと応じたことでしょうか。

早速《さっそく》各人は、辞典を引きながらクリスチャンネームをつけました。例えば、太田（新渡戸《にとべ》）稲《いな》造《ぞう》はパウロ、宮部金吾《みやべきんご》はフランシス、鑑三はヨナタン……。「余は友情の徳の強い主張者でありヨナタンのダビデに対する愛が余の気に入った」という理由からでした。

洗礼を受けた彼らは、自分を「新しい人」と感じたと言います。『余は如何《いか》にして基督《キリスト》信徒となりし乎《か》』には、若い彼らの信仰への新鮮で純粋な気持ち、互いの交流の様子が生き生きとユーモアに溢《あふ》れた筆致《ひっち》で描かれています。しかもそのまなざしは、一人ひとりに対する友愛に満ちて温かいのです。

「小さな教会」は、民主的に運営されました。各人はまったく平等であり、集会の指導権は順番に回るようになっていました。指導権を得たその人はその日、牧師であり、祭司であり、教師であり、ときに召使《めしつかい》でもあり、腰掛けて、メリケン粉樽《こだる》に青い毛布の掛けられた講壇《こうだん》の前で祈禱《きとう》を行い、聖書を朗読します。そして、一人ずつ順番に自分自身の話をしてゆくのです。

この「小さな教会」も二期生の卒業とともに解散し、全員が新しい教会に合同することになります。一人の一期生の努力によって、新しい教会堂が手に入ったのです。

一八八二年一月、新しい教会は「札幌独立教会」として誕生しました。この教会は、教派から独立した日本最初の日本的教会でした。さらに、その年の終わりに、思いがけずクラークからの経済的援助を受け、同年十二月、会員三十人の共同の負担も含む多額の借金を返済することができ、名実ともに「独立」したのです。

鑑三は、この日の日記に「S教会ハ独立セリ。歓喜、筆舌《ひつぜつ》ニ尽《つく》シ難《がた》シ!」と認《したた》めています。

鑑三は、「独立」ということをとても大切にしました。ここで「筆舌ニ尽シ難シ」と言うほどの歓喜を彼が感じたのも、理由がありました。独立という言葉には、日本の教会の、外国からの独立という願いが込められていたのです。外国から入ってきたキリスト教は、教派が多数に分かれており、どこかの教会の援助を受けるということはその派の系列に属することになり、派と派の対立抗争《こうそう》に巻き込まれることになります。

人間の意見は多様であっても、神の真理は一つ。ならば教派を超えて、直接その神に結びつく道でなければどうして本当のことが得られるだろうか——。鑑三はそう考えました。そしてそれは、やがて彼が唱えることになる無教会キリスト教の精神そのものだったのです。

絶望と希望

教会の借金を返済し終えた頃、鑑三《かんぞう》は、自らの職業選択《せんたく》の問題に悩み、健康もすぐれず、しかも長男である彼は、両親をはじめ養《やしな》うべき家族という重荷を背負っていました。内面においても、心の奥の空洞《くうどう》に気づき、この広い宇宙の中に、自分の空洞を埋めてくれる何かがあるはずだと考え始めるようになっていたのです。

鑑三が一人のクリスチャンの女性と巡《めぐ》り合い、結婚に踏み切ったのもこの頃です。しかし、この結婚は、大きな傷を残してわずか七カ月で終止符《しゅうしふ》を打つことになりました。離婚の原因については、多くが語られていないために不明ですが、心の痛手はかなり大きく、深刻なものがあったようです。彼は、「主ハ我ヲ棄《す》テ給《たま》ヘリ、最早《もはや》我トシテハ神ニ仕《つか》ヘント努《つと》ムルノ要ナシ」とまで思っています。

鑑三は、両親や友人たちの勧《すす》めに従い、ひとまずアメリカに渡ることにしました。ただ、渡米《とべい》と言っても、持っていたものをすべて売り払い、片道だけの旅費をようやくつくって、懐中《かいちゅう》にはわずか数ドルを入れただけの貧乏旅行でした。

アメリカでの滞在期間に、鑑三は貴重な体験を重ねています。まず、彼がアメリカ社会に接して驚愕《きょうがく》したのは、アメリカがキリスト教国であるにもかかわらず、そこにあらゆる反キリスト教的、反人道的な現実が展開していることでした。

旅の同行者が財布《さいふ》をすられたことに始まって、社会に蔓延《まんえん》している数々の悪に怒り、「此《これ》ガ宣教師ニヨリ基督《キリスト》教ノ他ノ宗教ニ勝《まさ》ル証拠ナリトシテ教ヘラレシ文明ナリヤ」と嘆《なげ》いています。

また、鑑三は、アメリカで生活費を稼《かせ》ぐために、エルウィンのペンシルベニア知的障害児施設の看護人として働くという貴重な体験をしています。一八八五年の一月から七月までの七カ月でしたが、彼は、留学の目的を果たし得る天職を得たと喜んでいます。実は、渡米の目的の一つに、実効的慈善《じぜん》事業に顕《あらわ》れるキリスト教の結果を見ることが挙《あ》げられていたのです。

そこでの鑑三は、苦行僧《くぎょうそう》さながらでした。施設では七百名を超す男女が生活しており、そこで最重度の知的障害児四十数名の養育に携《たずさ》わるのが彼の仕事でした。朝早くから彼らのために起きて衣食《いしょく》を整え、靴《くつ》を取ってその足を洗い、糞尿《ふんにょう》の始末をするのです。しかも「ジャップ、ジャップ」と罵《ののし》られながらでした。まさにそれは、いまだかつて味わったことのなかった人生の苦戦でした。その中で彼は、自らの怒りを鎮《しず》め、慢心《まんしん》と闘い、ひたすらイエスの謙遜《けんそん》に倣《なら》って奉仕《ほうし》し続けたのです。

それは、自らの内に巣《す》くう利己主義との闘いでもありました。キリスト教に入信してからかなりの歳月《さいげつ》が経《た》っていたにもかかわらず、決定的な意味での回心《かいしん》と言うべき体験はまだ訪れていませんでした。当時、太田（新渡戸《にとべ》）稲造《いなぞう》から高慢《こうまん》と利己的傾向についての鋭《するど》い批判を浴びせられた鑑三は、稲造宛《あて》の手紙で「もし自分が誇りや野心、名誉を求める心を砕《くだ》くことができなければ、自分はあなたの友と呼ばれることを欲しない」といった内容を認《したた》めているのです。自分を変える決意の固さが、その激烈《げきれつ》な表現から窺《うかが》えます。

この施設で働いていた期間、余暇《よか》はほとんど読書に費《つい》やされました。「ヨブ記」や「エレミア書」を読んで大変感銘《かんめい》を受け、この二つの書は彼を試練のときに支え続けるものとなりました。また、この時代に彼は生涯《しょうがい》の友人D・C・ベルと知り合い、以後二人はヨナタンとダビデのごとき友情を四十年にわたって結び合うことになるのです。

鑑三は、この施設を去った後も、自らの利己主義と闘い続けました。彼の前に開かれた道は、ペンシルベニア大学医学部への道とアマースト大学への道でした。ペンシルベニア大学への道は、ある親日家の夫人からの援助《えんじょ》を受けることもでき、自分の好きな生物学の研究も続けることができます。医学を学ぶことは、間接的な伝道にも役立つと思われました。しかし、そこで果たして自分の信仰上の問題に解決が与えられるかどうかは疑問でした。これに対して、アマースト大学への道は、直接伝道への道でした。この二つの道の前で、彼は、自らの心がともすれば世俗的《せぞくてき》なものを求め、直接伝道への厳《きび》しい道を避《さ》けようとすることを認めざるを得ませんでした。

迷いに迷った結果、独立を何よりも重んじた鑑三は、援助を受ける必要のないアマースト大学を選びました。そして、この選択は、伝道者としての人生の決定的な一歩となったのです。

アマースト大学に入った彼は、「全能の神が御自身を示して下さるまでは断じてこの場所から動くまい」と決意します。大学では二年間、歴史学やドイツ語、聖書注解学、ヘブライ語、心理学、倫理学、哲学、地質学、鉱物学等を修《おさ》めました。こうした学問は、後の著作活動や伝道活動の重要な糧《かて》となります。

大学で最も大きな感化を受けたのが、総長のシーリーとの邂逅《かいこう》でした。シーリー総長は、高潔《こうけつ》な人格と広い学識《がくしき》とをすべてイエス・キリストに捧《ささ》げているような人物だったのです。鑑三の回心は、シーリーとの出会いをきっかけとして訪れました。

彼の心に訪れた回心とは、神の子イエスが十字架にかけられ、すでに自分の負債《ふさい》をも支払って下さり、自分を人類の堕落《だらく》以前の清浄《せいじょう》で潔白な状態に戻して下さったというイエスの贖罪《しょくざい》の力への信仰でした。

自らの内なる闇と格闘していた鑑三に対して、シーリーはある日、優しく諭《さと》しました。「何故、己《おのれ》に省みることを止めて十字架の上に君の罪を贖《あがな》い給《たま》いしイエスを仰《あお》ぎみないのか。君の為《な》すところは、子供が植木を鉢《はち》に植えてその成長を確かめんと欲して、毎日その根を抜いてみるのと同然である。何故にこれを神と日光とに委《ゆだ》ね奉《たてまつ》り、安心して君の成長を待たぬのか」と。

この忠告によって、鑑三の魂は目覚めたのです。彼は後にこう語っています。

「私はこのとき初めて信仰の何たるかを教えられた、信仰とは読んで字のごとく信ずることであって、働くことではない。修行をしたり善行によって救われるのではない。神の子イエスを信ずることによって救われるのであるとは、シーリー先生がはっきりと私に教えてくれたことである」

彼はこの回心の訪れを、神が御自身を現された証《あかし》と受けとめました。そして、自分の生涯が新しい方向へ向けられたと感じたのです。

長かった煩悶《はんもん》の時は一つの終焉《しゅうえん》を迎え、内村鑑三は新しく生まれ変わりました。この回心の後、彼はキリスト者として「二つのJ」（Jesus《ジーザス》〈イエス〉とJapan《ジャパン》〈日本〉）に対する愛を貫《つらぬ》くことを心に期します。

そして、二年間の有意義で幸福だった留学生活を終え、伝道という自らの使命を胸に刻み、希望に満ちて帰国の途《と》についたのです。一八八八年、鑑三が二十七歳のときのことでした。

試練の嵐を越えて

渡米によってキリスト教国、アメリカの厳《きび》しい現実に直面し、改めて自らの内に日本への愛を確かめた鑑三《かんぞう》は、自らの拠《よ》って立つ主義を「キリスト教愛国」と述べ、帰国後、希望を胸に公私ともに新生活を始めました。妻も迎えています。

しかし、ほどなく次々に試練が降りかかることになるのです。とりわけ強い打撃を受けることになったのは、一八九一年一月、第一高等中学校（一高）嘱託《しょくたく》教員時代に起こった「不敬《ふけい》事件」でした。教育勅語《ちょくご》の奉読式《ほうどくしき》において、鑑三が天皇の宸署《しんしょ》に敬礼《けいれい》するのをためらったとして、同僚や生徒から非難され、さらには全国の新聞・雑誌から攻撃されることになったのです。わずか三カ月のうちに全国各地の新聞・雑誌がこの事件を伝え、その多くは事実を曲げた悪意に満ちた攻撃でした。「不敬漢《ふけいかん》」「国賊《こくぞく》」内村というイメージは全国にくまなく伝わり、鑑三は「この日本国において枕《まくら》するに所なき」状態に至るのです。

鑑三が敬礼をためらったのは、キリスト教徒としての良心に従ったからでした。彼にとっての奉拝《ほうはい》の対象は、自らが信ずる唯一《ゆいいつ》絶対の神のみであり、宸署に対しては、敬意を払うことはあっても、奉拝することはできなかったのです。そのとき、列席《れっせき》していた生徒の一人は、鑑三の取った態度は決して傲岸不遜《ごうがんふそん》なものではなかったと語っています。

この事件は、多くの悲劇へとつながり、鑑三の生涯《しょうがい》に決定的な影響を及ぼすものとなりました。

鑑三は、インフルエンザから肺炎を引き起こして倒れ、病気療養中に一高を追われました。さらに献身的《けんしん》にその看護に当たった妻も、夫の看病による疲労と事件に巻き込まれての心労《しんろう》に倒れ、肺炎のため二十三歳という若さでこの世を去らなければならなくなったのです。

鑑三はその悲しみの中、『基督信徒《キリスト》の慰《なぐさめ》』を執筆《しっぴつ》し、亡き妻に捧《ささ》げています。この書は「愛するものの失《う》せし時」「国人に捨てられし時」「基督教会に捨てられし時」「事業に失敗せし時」「貧に迫りし時」「不治の病に罹《かか》りし時」という六つの章から成り、どの章も自分が味わった深い苦悩を基としているもので、その絶望的な嘆《なげ》きの淵《ふち》にあって、どのように霊的な慰《なぐさ》めの道を見出《みいだ》していったかが著《あらわ》されています。そして、いずれの試練も彼にとって「暗く見ゆる神の恵《めぐみ》」であったと語るのです。

しかし、その慰めは決して、容易にもたらされたわけではありませんでした。とりわけ愛する者を失った悲しみは深く、かつて祈禱《きとう》なしには箸《はし》を取らず、枕にも就《つ》かないと決心していた自分が数カ月間祈禱を廃《はい》し、「神なき人」となり、さらに「祈らぬ人」となってしまったというのです。鑑三は、自問自答《じもんじとう》を繰《く》り返しています。自分の祈りを神が聴かれなかったのは、祈禱が無益なものだからか、自分の祈禱が熱心でなかったからか、あるいは自分の罪の深さ故《ゆえ》か、またあるいは自分を罰《ばっ》するためにこの不幸が下されたのかと。

しかし、鑑三はその絶望の淵にあって、試練は決して罰なのではなく、あえて表現するなら

「暗く見ゆる神の恵」なのだと気づくのです。呻吟《しんぎん》の末、次のような答えを導《みちび》き出しています。

「我等《われら》の願ふ事を聴かれしに依《よ》て爾《なんじ》を信ずるは易《やす》し、聴かれざるに依て尚《な》ほ一層爾に近づくは難し」

「誠《まこと》に実《まこと》に此世《このよ》は試練の場所なり、我等意志の深底《しんてい》より世と世の総《すべて》を捨去《すてさり》て後始めて我等の心霊も独立し世も我等のものとなるなり、死《しに》て活《い》き、捨《すて》て得る、基督教の『パラドックス』（逆説）とは此事を云ふなり」

喪失《そうしつ》の悲しみの中で鑑三は、底知れぬ深い闇をくぐったからこそ、その向こうに不滅《ふめつ》の光を見たのです。世界はかつてなかった相《すがた》を現し、かつて見えなかったものが見え始めました。限りある生命を生きる人間はなお一層いとおしく、世界は美しく感じられ、それらすべての源なる神を近くに感ずる――。鑑三の信仰は、試練によって一層深まってゆきました。

後年、鑑三はこの書を「欧米の教師に依《よ》らずして、直《ただ》ちに日本人自身の信仰的実験又は思想を述べん」としたものであり、「余はただ心の中に燃る思念に強いられ止むを得ず筆を執《と》ったのである」と回想しています。やむにやまれぬ想いから、キリスト信徒として身をもって霊的な慰めということを実際に実験したものだったのです。

鑑三が行ったこの実験は、キリスト教徒のみならず、広く人々の魂に訴《うった》えるところとなり、『基督信徒の慰』は今もなお多くの読者を得ています。

その後、その続編とも言うべき『求安録《きゅうあんろく》』が書かれますが、印刷の段階で割愛《かつあい》されたものの、当初その副題として「実験の記録」という言葉が付されていました。ここでは前書になかった罪の問題について深く考察されています。

罪とは、神から離れること。したがって、罪からの救いは神のもとへ立ち還《かえ》ることであるというのがその趣旨でした。そして、その良心の譴責《けんせき》に苦しむ者にとっての唯一《ゆいいつ》の救いとは、イエスの十字架の福音《ふくいん》を信ずることにあると述べているのです。神は、独《ひと》り子イエスを人の罪の贖《あがな》いのために十字架にかけるほど、私たち人間を愛されているとする福音のことです。

この二つの書は、霊的な痛みに対する癒《いや》しの道を示すものにほかなりませんでした。

宗教者、信仰者としての鑑三の歩みは、こうして自らに降りかかった試練を真《ま》っすぐに引き受け、信仰の実験を重ねてゆく中で、深められていったのです。

天職を求めて

その後、日本は日清《にっしん》戦争、日露《にちろ》戦争という戦争の時代を体験することになります。そうした混《こん》迷《めい》の時代にあって、「キリスト教愛国」の立場にあった鑑三は、どのような政治思想を抱《いだ》くようになっていったのでしょうか。

鑑三は、早くから思想上の根本問題として、次の三つのことを挙《あ》げていました。一つ目は人間終局の目的如何《いかん》、二つ目は自国の天職如何、三つ目は自己の天職如何、という問題でした。

これは、鑑三が生涯《しょうがい》のモットーとして掲《かか》げていた言葉――「われは日本のため、日本は世界のため、世界はキリストのため、すべては神のため」――に対応しています。この言葉には、ミクロとしての人間とマクロとしての世界は一つながりの不可分《ふかぶん》のものであるという、鑑三が抱いていた世界観が余すところなく現れています。各自が自分の天職を果たすことも、自国が天職を果たすことも、すべてイエスのために生きることにつながっていると鑑三は捉《とら》えていたのです。

そうした考えから、鑑三は、何とかして日本人が興国的《こうこく》精神を持つことを願いました。「専《もっぱ》ら筆をもって社会改良の任に当らん」との動機から、一八九八年初夏、それまで勤めていた萬朝報《よろずちょうほう》社を退社し、自身の言論機関としての『東京独立雑誌』を創刊しました。

雑誌の売れゆきは予想外によかったのですが、内部分裂《ぶんれつ》がきっかけで廃刊《はいかん》に追い込まれてゆきました。社会や他人を批判するだけでは、相手はかえって頑《かたく》なになるだけであり、しかも批判して義人《ぎじん》を気取る偽善者を生むだけだ――。彼は、この出来事を通して社会批評の限界を知り、かねてより高まりつつあった伝道への意欲を現実的な歩みへと結んでいったのです。

鑑三の評論家から伝道者への転換は、青年時代からの願いでもあった聖書研究雑誌の発行という形で始まりました。独力で『聖書之研究』創刊にこぎつけることができたのは、一九〇〇年、鑑三が三十九歳のときのことでした（この『聖書之研究』は、幾度《いくど》かの休刊を経《へ》ながらも三十年間、すなわち鑑三が亡くなるまで刊行され続けました）。

ところが、鑑三は再び、黒岩涙香《くろいわるいこう》の招《まね》きにより萬朝報社に客員《きゃくいん》として復社し、ほぼ四年間社会運動に身を投じることになります。

その社会運動の一つが、冒頭に記《しる》した足尾銅山鉱毒事件解決のための運動でした。社会改良団体である「理想団」の運動に参加したのもその頃のことです。

当時の鑑三は、まだ社会改良運動に対する想いを捨て切れず、伝道活動と同時に進めていました。しかし、いよいよ本格的に伝道一すじに踏み切る時が来ます。そのきっかけとなったのは、日露戦争開戦を要求する世論でした。この世論に対して鑑三は、開戦反対論を唱《とな》えたのです。

「余は日露非開戦論者であるばかりでない、戦争絶対的廃止論者である。戦争は人を殺すことである。そうして人を殺すことは大罪悪である。そうして大罪悪を犯して個人も国家も永久に利益を収め得ようはずはない」と『萬朝報』で論じたのです。これに対して社長の黒岩涙香は、開戦論の立場に立っていました。一九〇三年秋、『萬朝報』の社論が開戦に踏み切ったとき、鑑三の退社の決意は決定的なものとなります。「日露開戦に同意することを以《もっ》て日本国の滅亡に同意することと確信」するとまで言い切っているのです。

そして、ここから鑑三の独立伝道者としての道が始まりました。自らの天職へと導《みちび》かれる時がいよいよ到来《とうらい》したのです。鑑三は四十二歳になっていました。

使命発動《はつどう》——伝道一すじの道

一九〇四年、日本は世論の高まりとともに、日露《にちろ》戦争へと突入してゆきます。鑑三は、開戦後もますます強い確信をもって非戦論を訴《うった》え続けました。とりわけ非戦の立場に立つキリスト教信仰の同志で召集《しょうしゅう》を受けた者、戦場にある者、戦死した者について語った次の言葉は、当時の彼の胸の内を如実《にょじつ》に表しています。

「非戦論者の社会的行動だけでは平和を実現することは決してできない。世界の平和は、歴史の終末におけるキリストの再来《さいらい》をまって実現する。そして、キリストを信じる軍人で命令を受けたものは、戦場に出て殺されるべきである。それは、終末の平和のために準備する殉教《じゅんきょう》と贖罪《しょくざい》の死なのだ」

鑑三は、戦争中も平和に関する問題を思索《しさく》し続けました。そのことは、やがて彼の信仰と思想の全体に新しい展開をもたらす糸口となってゆきました。

萬朝報社《よろずちょうほうしゃ》を去った鑑三は、以後約十五年間、伝道活動以外はほとんど一般社会に出ることなく、自らの内に沈潜《ちんせん》する時を持つのです。

鑑三の伝道活動の中核は文書伝道に置かれ、彼は月刊『聖書之研究』の執筆《しっぴつ》に心血《しんけつ》を注《そそ》ぎました。同時に自宅やその隣に建てられた聖書講堂で、毎週日曜日、少人数で聖書研究集会を行ったのです。また、『聖書之研究』の読者を中心とした無教会キリスト者の集団「教友会《きょうゆうかい》」を全国にわたって組織し、全国の信仰の同志を助け続けました。

鑑三は、キリスト教の本質は道徳教でもなく、社会改良教でもなく、「十字架教」であると捉《とら》えていました。その縦軸が『聖書之研究』であり、横軸が日曜日ごとに行ったその聖書研究集会でした。

『聖書之研究』創刊号の表紙には「基督《キリスト》の為《た》め国の為め」と銘打《めいう》たれていたように、この機関誌は彼が生涯《しょうがい》愛した「二つのJ」（Jesus《ジーザス》〈イエス〉とJapan《ジャパン》〈日本〉）に捧《ささ》げられたものであり、社会にあまり出なかったこの時期もイエスへの愛と日本への愛国の想いは変わることはありませんでした。

彼は生涯《しょうがい》、高く幹《みき》を伸ばし枝を広げるためには、深く根を張らなければならず、飛躍《ひやく》するためには沈潜《ちんせん》しなければならないことを繰《く》り返し説いていました。この時期は、まさに鑑三自身にとって次なる新しい飛躍《ひやく》へ向けての深い沈潜の時であり、準備の時だったのです。

しかし、こうした彼の行動も、正しくその意図が理解されたわけではありませんでした。日本国中が日露戦争の勝利の栄光を謳歌《おうか》する中で、非戦論を唱《とな》え続け、ジャーナリズムの第一線から退《しりぞ》いて地道な活動をする鑑三に対して、生存競争に敗れたための隠遁《いんとん》と見、憐《あわ》れんだり、軽蔑《けいべつ》したりする人々もいました。

それは、キリスト教徒以外の人々ばかりではなく、同志であるはずのキリスト教徒の中にもいたのです。当時の日本のキリスト教会の主流の中には、日露戦争への協力をきっかけに、大日本帝国の国家体制への癒着《ゆちゃく》の動きも強くなっていました。鑑三は、このようなキリスト教会の在《あ》り方を厳《きび》しく批判しました。

次第に鑑三は、ジャーナリズムからもキリスト教会からも孤立し、忘れ去られてゆくのです。それでも、彼は、萎縮《いしゅく》して自分の内面に閉じこもったりはしませんでした。定期的な聖書の講義と機関誌発行の傍《かたわ》ら、戦争後の世界を見つめ続け、戦争がもたらしたものは何か、非戦と平和の原理について考えを深めつつ、具体的な今後の見通しを模索《もさく》していったのです。

再来に希望を託《たく》して

一九一二年、鑑三が五十歳のとき、その信仰と思想に多大な影響を及ぼすことになる出来事が身に降りかかります。十七歳という若さで、愛娘《まなむすめ》ルツ子（一八九四〜一九一二）が病名の分からない難病にかかり、高熱のため衰弱《すいじゃく》して死に至ったのです。キリスト教徒として最期《さいご》の時を迎えた彼女は、鑑三にとって、娘であるとともに同志でした。

愛する娘の死は、鑑三に耐え難《がた》い悲しみを与えました。しかし、その癒《い》し難い苦悩ゆえにこそ、彼の内から「復活と来世」の信仰が忽然《こつぜん》と湧き出てきたのです。

鑑三は、友人宛《あて》の書簡に「彼女逝《ゆ》きて余の心中に革命あり」と書き綴《つづ》っています。そして、

「自分の中に残っていたすべての野心を彼女の亡骸《なきがら》とともに葬《ほうむ》った。これから自分は少しなりとも本当に神の旨《むね》にかなう事業ができるであろう」と言うのです。

鑑三は彼女の墓石に「再《ま》た会ふ日まで」と刻《きざ》みました。この世に対する野心を彼女の死とともに葬り去った鑑三が希望を託《たく》したのは、復活と来世でした。そしてその希望は「再臨《さいりん》信仰」へと収斂《しゅうれん》してゆくのです。キリストの再臨のときにこそ、復活も永世も成就《じょうじゅ》するからです。

再臨信仰――。それは終末のとき、真のキリストが顕《あらわ》れたまうという信仰です。鑑三の信仰の道のりは、すべてこの再臨信仰へと収斂してゆきました。その信仰へと鑑三を導《みちび》いたのは、愛娘の死とともに、第一次世界大戦の勃発《ぼっぱつ》でした。非戦論《ひせんろん》を唱《とな》え続け、世界の平和はどのようにして訪れるかを模索《もさく》し続けてきた鑑三にとって、世界大戦の勃発は非常に大きな衝撃《しょうげき》でした。とりわけ唯一《ゆいいつ》希望を託していたアメリカが参戦《さんせん》に踏み切ったという現実は、その衝撃を決定的なものにしました。人間の努力による戦争の廃止《はいし》、平和の実現に対して完全に絶望したのです。しかし、彼はそれでも神の人間への愛を信じずにはいられませんでした。

そんな絶望の淵《ふち》から鑑三が見出《みいだ》した光が、キリスト再臨という希望だったのです。「今や平和の出現を期待すべき所は地上いずこにも見当たらない」と完全に行き詰まった鑑三の目にふと留まったのが、一年前にアメリカの友人から送られてきた『日曜学校時報』の「キリストの再臨ははたして実際問題ならざるか」という言葉でした。以前は、この雑誌に見向きもしなかった鑑三でしたが、読み始めてみて深い関心を抱《いだ》くのです。一行一行が心に訴《うった》えてきます。繰《く》り返し繰り返し読みました。「しかり、しかり」と心がうなずき、「かくてこそ世界問題も余が内心の問題もことごとく説明しうる」と思いました。

「愚《おろ》かなりしかな、久しき間この身をささげ、自己の小さき力をもって世の改善を計《はか》らんとせし事。こは余の事業《ビジネス》ではなかったのである。キリスト来たりてこの事を完成したもうのである。平和は彼の再来によりて初めて実現するのである」

鑑三の心にコペルニクス的な一大転換が起こったのです。自分の小さな力で何とかなると思っていた愚かさ――。自らの人間的努力は大前提だが、最終的には、自分がするのではなく、キリストが再来してこそ初めて平和は実現する――。

鑑三は改めて、再臨という信仰の光に照らして聖書を読み直してゆきました。すると、キリストの再来こそ、新約聖書の至るところに高唱《こうしょう》されている最大真理であったと気づくのです。聖書はまったく別の書物として、鑑三の前に新たに立ち現れてきました。

「余はキリストの再臨を信ずる。ゆえに聖書全部を神の言《ことば》として受け取ることができる。余はキリストの再臨がわかって人生がわかった。人生の意味の解決のここにある事がわかった」

鑑三は、長かった沈潜《ちんせん》の時期を経《へ》て、この再臨信仰を掲《かか》げて再び社会に姿を現すのです。その皮切りとなったのが一九一八年一月六日、神田のＹＭＣＡ講堂で行った講演会でした。演題は、

「聖書研究者の立場より見たる基督《キリスト》の再来」でした。四十年の信仰生活を経て、今いかにして基督再臨を信ずるに至ったかが熱く語られました。それからは同じ趣旨での講演が関西でも活発に行われ、半年ほどの間に一万人を超える人々に伝えているのです。

また、『聖書之研究』にも「基督再臨を信ずるより来りし余の思想上の変化」という論文を発表するなど、全精力を傾《かたむ》けて再臨信仰の伝道に努めています。それによれば、鑑三は、自分の信仰の道には三度の大きな変化があったと言います。一度目は、多神教より一神教への転換で、天地万物の創造主なる神を信じたこと。二度目は、アマースト大学においてキリストの十字架による罪の贖《あがな》いを認めたこと。そして三度目がキリストの再臨を確信して生涯《しょうがい》の大革命が訪れたこと。中でも三度目の革命こそ、彼の生涯に新時期を画する大事件だったのです。

そして、鑑三にとってキリストの再臨とは、万物《ばんぶつ》の復興、宇宙の改造、正義の勝利、人類のすべての希望の総括《そうかつ》であると述べています。

鑑三は、こうした再臨の思想を聖書学、歴史学、地理学、天文学、植物学などの全知識を傾けて多方面から解き明かしてゆきました。

当然ながら、反対論も盛んになりました。それに対して鑑三が新たに反論し、キリスト教会には盛んな議論が巻き起こったのです。

再臨に関する講演会は一年余り続けられ、打ち切られました。再臨信仰は、あまりに熱中し過

ぎて理性を失うと、現実を無視する再臨待望者や再臨狂を生むことになりかねないと鑑三は恐れたからです。しかし、心の中では、再臨信仰は静かに深められてゆきました。

大正から昭和初期にかけて、鑑三は、聖書講義を継続的に行っています。物質文明滅亡の預言を取り扱った「ダニエル書」、極限の苦難において神の証を求めた「ヨブ記」、新約聖書の信仰の中心である「ロマ書」、そして旧約聖書の「イザヤ書」などが次々に取り上げられました。

聖書講義は、鑑三にとって重要なライフワークと言えます。三百回に及ぶ聖書講義において、彼は学問的な研究も怠《おこた》りませんでしたが、その内容は書斎《しょさい》からだけ生まれたものではありませんでした。彼は「祈って、行って、考うるにあらざれば真理を完全に解することは出来ない」と考えていました。また、「基督教《キリスト》は貴族の宗教でないと同時に又学者の宗教ではない、是《こ》れは書斎に在りて考出《こうしゅつ》せらるべき質のものではない、是れは感じて、験《ため》して、始めて判明《わか》る宗教である」と述べたように、彼は真理を現実に生きてみて、実験を重ねて導き出した内容を講義したのです。それゆえに、切れば血の出るような命の通《かよ》った聖書講義が生まれたのです。

鑑三が聖書講義を行い続けたこの期間、日本には数々の事件が起こっています。九万人以上の死者を出し、東京が一瞬にして崩壊した関東大震災。首相であった原敬《はらたかし》（一八五六～一九二一）の暗殺事件。時の文化人、有島武郎《ありしまたけお》（一八七八～一九二三）、芥川龍之介《あくたがわりゅうのすけ》（一八九二～一九二七）らの自殺等々。経済恐慌《きょうこう》も本格的なものとなり、時代の混迷《こんめい》は深いものがありました。暗澹《あんたん》たる世相に胸を痛めつつ、鑑三は終末と再臨の時が近づいていることを予感していたのです。こうした変転する時代の中、聖書講義を重ねながら鑑三の生涯も終わりに近づいてゆきました。

一九三〇年三月二十六日は、鑑三の古稀《こき》の祝いの日に当たっていました。数日前から発作《ほっさ》のために心臓の衰弱がひどくなり、生命の危機に幾度か襲われていた鑑三でしたが、古稀の祝賀《しゅくが》のために集まっていた人々に、発作の中からこう伝えるようにと言いました。

「万才、感謝、満足、希望、進歩、正義、すべての善《よ》き事」「聖旨《せいし》にかなわば生き延《の》びてさらに働く。しかしいかなる時にも悪しき事はわれわれおよび諸君の上に未来永久に決して来ない。宇宙万物人生ことごとく可なり。言わんと欲すること尽きず。人類の幸福と日本国の隆盛《りゅうせい》と宇宙の完成を祈る」

神が創《つく》りたもうた世界に対する絶対的な肯定と、未来への圧倒的な希望――。これこそ、苦難多き人生を歩んだ鑑三が、残る人々に訴《うった》えたかった言葉でした。そして、それが自らの人生をかけて信仰の実験を重ねた末に、内村鑑三が導《みちび》いた結論だったのです。

主な参考文献（書名アイウエオ順）

『アシジの聖フランシスコ』（イエンス・ヨハンネス・ヨルゲンセン著、永野藤夫訳、講談社）
『アシジの貧者』（ニコス・カザンツァキ著／清水茂訳、みすず書房）
『ある人生のものがたり』（ギイ・ゴッシェ著／徳山登訳、聖母の騎士社）
『内村鑑三』（責任編集 松沢弘陽、中央公論新社）
『幼いイエスの聖テレーズ自叙伝――その三つの原稿』（テレーズ・マルタン著／東京女子跣足カルメル会訳・伊従信子改訳、ドン・ボスコ社）
『幼いイエズスの聖テレーズの手紙』（福岡女子カルメル会訳、中央出版社）
『キリシタンロード400年展――ザビエル渡来から現代まで』（読売新聞社）
『ザヴィエル』（吉田小五郎著、吉川弘文館）
『ジャンヌ・ダルク』（ジュール・ミシュレ著／森井真・田代葆訳、中央公論新社）
『ジャンヌ・ダルク――愛国心と信仰』（村松剛著、中央公論新社）
『ジャンヌ・ダルクの実像』（レジーヌ・ペルヌー著／高山一彦訳、白水社）
『宗教改革』（オリヴィエ・クリスタン著／佐伯晴郎訳、創元社）
『聖フランシスコ・ザビエル全書簡1～4』（河野純徳訳、平凡社）
『聖フランシスコ・ザビエル全生涯』（河野純徳著、平凡社）
『聖フランチェスコの小さな花』（田辺保訳、教文館）
『卓上語録』（マルティン・ルター著／植田兼義訳、教文館）
『テレーズ――その生涯における苦しみと祈り』（フランシス・ホーガン著／山口カルメル会訳、女子パウロ会）
『新渡戸稲造』（松隈俊子著、みすず書房）
『武士道――日本人の魂』（新渡戸稲造著／飯島正久訳・解説、築地書館）
『マルティン・ルターの生涯』（リヒャルト・フリーデンタール著／笠利尚・徳善義和・三浦義和訳、新潮社）
『余は如何にして基督信徒となりし乎』（内村鑑三著／鈴木俊郎訳、岩波書店）
『ルター』（責任編集 松田智雄、中央公論新社）
『若きルターとその時代』（ゲオルギウ著／浜崎史朗訳、聖文舎）

著者プロフィール

高橋佳子（たかはし けいこ） 1956年、東京生まれ。

幼少の頃より、「人は何のために生まれてきたのか」「人はどこから来てどこへ行くのか」「宇宙と人間にはどのような関わりがあるのか」……等々、人間・人生・宇宙に関わる疑問探究を重ねる。数千名の方々との対話を実践する中で新たな人間と世界の法則をTL（トータルライフ）人間学として集成。心と現実、自らと世界を統一して変革する内外合一の道を提示する。現在、精力的な執筆・講演活動に加え、TL経営研修機構・TL医療研究会・TL教育研究会をはじめ、科学・法律・芸術・演劇等、各分野の専門家を指導。1977年より主宰するGLAでは、内と外をつなぐ問題解決と創造の方法によって現実を変革するTL人間学実践者が、青少年から熟年に至るまであらゆる世代にわたって多数輩出している。講演・講義は年間百回に及ぶ。著書の愛読者を対象に1992年より全国各地で開催されている講演会（TL人間学講座）は、これまでに延べ31万人が受講している。著書は、『人生で一番知りたかったこと』『「私が変わります」宣言』『新しい力』『祈りのみち』をはじめ、TL人間学の基本理論と実践を著した『ディスカバリー』『希望の原理』『グランドチャレンジ』、さらには教育実践の書『レボリューション』『心のマジカルパワー』など多数（いずれも三宝出版刊）。『心の原点』『人間釈迦』などの著書で知られる高橋信次氏は著者の尊父。

二千年の祈り

イエスの心を生きた八人

2004年3月3日　初版第一刷発行

著　者　高橋佳子
発行者　高橋一栄
発行所　三宝出版株式会社
〒130-0001　東京都墨田区吾妻橋1-17-4
電話　03-3829-1020
http://www.sampoh.co.jp/
印刷所　株式会社アクティブ

ISBN4-87928-044-5

装幀　今井宏明　三宅正志
表紙写真　岩村秀郷
写真提供　オリオンプレス　WPS　十和田市立新渡戸記念館　PPS通信社　毎日新聞社